小文艺·口袋文库

成为您的美好时光

OBJECT LESSONS
知物

隐匿于日常生活中的真相

弃 物
游走在时间的边缘

waste _ BRIAN THILL

〔美〕布莱恩·蒂尔 _ 著

刘欣玥 _ 译

上海文艺出版社
Shanghai Literature & Art Publishing House

"我们对废墟无所畏惧。"

——杜鲁提

"我们必须和垃圾共处,暴露出它的内在冲突。"

——菲利普·K·迪克《致斯坦尼斯拉夫·莱姆》

"我自认为是一个乐观主义者。但是看吧,这个世界正在腐烂。"

——艾琳·迈尔斯

目 录

第一章　说吧，海滩 ….. 1

第二章　垃圾友人/过剩标签页 ….. 33

第三章　太空猪 ….. 63

第四章　百万年恐慌 ….. 93

第五章　毁灭论 ….. 125

第六章　碎片与石头 ….. 147

第七章　储藏之地 ….. 167

第八章　卡马西平湖 ….. 195

致谢 ….. 199

索引 ….. 205

第一章

说吧，海滩

保尔·瓦雷里（Paul Valéry）[1]在其著作《欧帕里诺斯，或建筑师》（*Eupalinos; or The Architect*）中曾写道，有一回苏格拉底在海滩上独自漫步时，偶然发现了一件光滑而洁白的神秘物品。他无法判断那东西是什么，也无法判断它从何而来。正如他后来跟斐德罗（Phaedrus）说的，那片海滨其实是一处有着特

---

[1] 保尔·瓦雷里（1871—1945），法国诗人，20世纪初象征主义代表。诗歌中充满对生与死、行动与冥想、变幻与永恒的审美哲思，代表作有《年轻的命运女神》《幻美集》《海滨墓园》等。——本书注释皆为译者注。

殊用途的荒地——人们将不要的东西丢弃在那里，一切伟大永恒的斗争的残骸都在那里聚集：

> 在海神尼普顿[1]所辖与陆地之间，是神祇永恒的竞争之地，也是不情愿却无休止的交易之所。难以名状的、漂泊的碎片被海所拒绝，陆地也无法收留；搁浅的船只焦黑的残骸，状似被风暴里的盐分所腐朽，而那风暴来源之地是普洛透斯[2]的透明牧场；坍塌的怪物，死一般的冰冷色调。所有一切，被命运席卷上岸，陷入海浪与海滩之间无果争端的一切，来来回

---

[1] 尼普顿（Neptune），罗马神话中的海神，相对应希腊神话中的波塞冬。"海王星"的拉丁名即源出于此。
[2] 普洛透斯（Proteus），希腊神话中海神之一，波塞冬的牧羊人，能预言，可变形。

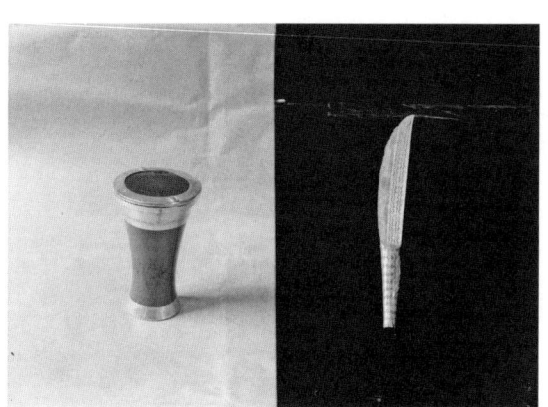

镶金的黑曜石瓶子，腓尼基人的金银制小刀，比布鲁斯/朱拜勒

回，忽上忽下，随着潮汐的时刻消失复又重现。它们是冷酷命运和见不得光的财富的悲伤的见证人，也是如永恒般静止的交易的玩物……

出于某种原因，苏格拉底在岸边看到的不可名状之物着实神秘，也着实迷人。他甚至不能确定那是一件自然产物，还是人工制品。它神秘莫测的来源、形态和用途令苏格拉底深感困惑。他最终被难倒，将这个令人摸不着头脑的东西扔回了海里。

苏格拉底的难题，实则正是关于废弃物的难题。我们正身处一个充满各色残骸、污秽四溢的世界。它们无处不在，样貌不一，气味各异，又丑陋又笨重，是不同年龄、性情的人群的杰作。这些废弃物渗入一切微小的裂隙，游走在藏污纳垢的街道上，在荒野、城市和家庭的每个角落里慢慢腐烂。这一研究话题的价值，总是丰富得超乎我们的想象。一个1990年代的海滩拾荒者，可能会在奎茨海岸（Queets）发现"鞋子大倾覆事件"[1]后冲上岸的耐克运动鞋——当时满满一整船的昂贵的鞋子都落入海中，此后又花费漫长的时间漂向太平洋西北地区。最近前往珠穆朗玛峰的登山者，会发现前人留下的大量垃圾，以致他们不得不在疲惫的回程途中，将垃圾同自己的装备一起带下山去。从来没有任何人造产品可以像垃圾一样，如此经得起长途跋涉，如此无所不在。下至海洋，上至高峰，其身影随处可见。我们所丢弃的垃圾，仿佛为整个地球铺了一张厚厚的化工

---

[1] "鞋子大倾覆事件"（the Great Shoe Spill），1990年5月，一艘名为"汉萨号"的货运船在从韩国前往美国的途中倾覆，导致超过六万双昂贵的耐克运动鞋落入海中。此外，此次倾覆事件意外地帮助海洋科学家推进了关于洋流的研究。

地毯,更将触角伸向了裸露的岩层、海床的底部,安驻在森林、沼泽和湖泊之中。它在半空中,在水里,在流溢着媚俗光芒的家庭旧货摊里,在梁椽上塞满了垃圾的房子里;到了户外,它们又变成有毒的化学分子,弥漫在肉眼看不见的云层中。在福莱士吉尔斯垃圾填埋场(Fresh Kills)[1],在朋地山垃圾填埋场(Puente Hills)[2],在其他成千上万的垃圾场里,堆起了一座座高耸的垃圾山,或变成不计其数的地下垃圾砖。石油时代的另一个后果,是海滩沙粒与微塑胶污染物熔合,其地质成分逐渐更替为胶砾岩;诸如此类的垃圾土壤也已成为新的地

---

[1] 福莱士吉尔斯曾是纽约市内唯一的垃圾填埋场。由于自1980年代以来垃圾处理能力趋于饱和,于1997年关闭。此后纽约市计划将废弃的垃圾填埋地改造成大型城市公园,规模将是中央公园的三倍之大,此改造工程已于2006年开始实施,计划于2030年完工。
[2] 朋地山垃圾填埋场位于加州的洛杉矶县,是美国第二大垃圾填埋场。

质学研究对象。海洋生物误吞微型垃圾后引起的基因突变也正在发生。现在，地质学家们已经开始研究"科技化石"（"technofossils"）和高度压缩的城市碎片层。这些关于城市垃圾的数据，是地质记录和行星参数中极为重要的一部分。人们通过垃圾记录下空间和场所，进而在全球范围内重塑它们的形象。然而，我们中的很多人，可以说是足够幸运或足够愚蠢的——因为在大部分时间里，我们无需以这种方式感知世界。在一些地方，空气看起来依然洁净得可以放心呼吸，树木看起来依然茂盛葱翠，充满活力的小松鼠也依然在玩耍嬉戏。即便如此，一旦人类的欲望要为这个世界打上印记，垃圾将永远是最有力，也最常见的手段。处处风景，遍地垃圾。这不仅将世界变成了一个分布不均的大垃圾堆，也令我们在几乎浑然不觉的情况下，改变了感知自我及全人类的方式。正如社会学家齐格蒙特·鲍曼（Zygmunt Bauman）[1]所指出的，我们用垃圾和生产垃圾的复杂过程将世界变成了人类的殖民地，也创造出"人类的废品"（human waste）和生活在全球化时代肮脏之路上的"废弃的人类"（wasted human）。现如今摆在我们面前的问题是：这些活着或死去的废弃物究竟何去何从，如果实在无路可走，它们对人类而言又意味着什么？我们在制造完垃圾后已经没有任何退路。阅读鲍曼，则在时时刻刻提醒着读者：人类，已经亲手为自己的未来，建造了一座由文明垃圾筑成的巨大墓穴。

你很难在脑海中思考一样你无从把握的事

---

[1] 齐格蒙特·鲍曼（1925—2017），英国社会学家，哲学家，生于波兰。鲍曼被认为是研究当代西方社会现代性与后现代性问题最重要的思想家之一。代表作有《现代性与大屠杀》《工作、消费、新穷人》《流动的时代》等。

物。在怎样一个尺度上考量垃圾，对我们是一个挑战。关于垃圾的种种想法，好像不是太宽泛，就是太细小。总之，那是想要涵盖一切的欲望：想要命名、赋形、考察每一粒渣滓和每一片浮木；想要让这个术语像水面的浮油一样传播开来，覆盖这座星球上的所有耗费，覆盖所有种族和文化的灭绝，覆盖所有那些曾参与建造及毁灭昔日帝国的垃圾；大大小小，可见不可见的废弃物、化学污染物、腐烂的食物，这一切构成了灰霾的天空、黑褐色的污水和被垃圾覆盖的大地。

在这些乱七八糟的东西之中，相比于辉煌古迹的断壁残垣，我更关心那些诞生在我们这个时代的新的垃圾种类：被填埋的电子游戏，正在地下缓慢泄露的衰变的钚元素，挂在树上的塑料袋，在阁楼、车库和起居室里堆积的废品，被抛进了茫茫宇宙的卫星碎片。这些都是

沙滩上的人，密歇根州湖口镇

制造者在人类和未来的赌局中所下的赌注。到最后，矿泉水瓶、网站、儿童套餐玩具以及炸弹的下场，既讲述了自由女神像、长城或古罗马竞技场的命运，也体现了时间和人性。在《废墟的欢愉》（*Pleasure of Ruins*）中，罗斯·麦考雷（Rose Macaulay）[1]以渊博又深情的方式，描绘了数个世纪以来古迹曾给人们带来的快乐。以狄德罗（Diderot）[2]和其他热爱古迹的浪漫主义者为例，这些废墟，似乎总能激起他们强烈的情感——面对往昔岁月而产生的震颤、绝望或悲伤；或因为置身于不断流失的时间中而感到的恐惧。那些古代遗迹的瓦砾碎石似乎在讲述着人性的故事，让我们相信自己已

---

1 罗斯·麦考雷（1881—1958），英国小说家，女性主义运动家。代表作有《特拉松比之塔》《废墟的欢愉》等。
2 狄德罗（1713—1784），法国启蒙思想家、唯物主义哲学家，主编《百科全书》，为"百科全书派"的代表人物。其他代表作还有《哲学思想录》《拉摩的侄儿》《宿命论者让·雅克和他的主人》等。

经对它们产生了某种情感依赖。但是更吸引我的,是吉尔达·威廉姆斯(Gilda Williams)[1]所说的"废墟"("ruin")和"废弃物"("derelict")之间的区别。废墟的魅力曾吸引了狄德罗和无数忧郁的崇拜者,相比之下,废弃物只是前者的低级对应物。废墟是诗歌的缪斯,在它非凡、浪漫和宏伟的映衬下,废弃物看起来只是亟待被拆除和填埋的不起眼的东西。两者的区别,是庄严的美感和丑陋、危险以及公害的区别。对我来说,我非常能够理解,在我们的时代里,那些处于底层的庞杂的废弃物总是很快淡出人们的视线和欲望:它们无关紧要、不为人注意、难以捉摸、千疮百孔、丑陋、卑微而多余——这些曾经派过用场的东西最终却散落

---

[1] 吉尔达·威廉姆斯,当代艺术评论家,作家,编辑。现为伦敦大学授课教师,主要研究领域为当代哥特艺术,著有畅销作品《如何书写当代艺术》等。

在我们于脑海中建构的意义与宏大事物的缝隙间。这个时代每一个闪闪发亮的新物品,或每一个看似不起眼的小东西,我都无法对它销蚀的命运视而不见:想象它的锈蚀、开裂,它的外包装在不久的将来腐烂的样子。我看不到事物在当下时空中牢固存在的样子,它们总是跌出当下的边缘,进入过去和未来——反正不管我是否情愿,我看到的总是这样的画面。所以这本书并不是一部环保主义者的系统论辩,一本关于环境卫生史的学术专著,或政治宣言(这是三样我最喜欢的东西)。相反,这只是一次漫步闲谈,穿行在坍塌的怪兽或神秘的漂流木中,这些古怪的东西曾经吸引了我的目光。就像是大街上一枚脏兮兮的硬币,可能一百个路过的行人都不会瞧它一眼,直到最终遇到了一个觊觎它的人。这本书写给在污秽之路上的闲逛者(*flâneurs*),写给那些想要和渣滓角力的人，以及想要在垃圾堆里乱翻的人。对于我们这样的人来说，崇高的废墟算不了什么，我们更关心的是那些破败的遗弃物。

就像苏格拉底捡到后又扔掉的那个令人恼火的东西一样，在我们巨大无边的对象世界里，那些废弃物，无论是开裂的钢琴，三明治包装纸，鸡蛋包装盒，还是过时的浴室瓷砖，瓦楞纸的咖啡杯套，都是在欲望和遗弃之间那场无尽的拉锯战的玩物。它们无一能幸免于难。所以，如果说"垃圾"是这本书的讨论对象，那么其背后真正的主体其实是欲望和时间。在面对我们亲手打造的灿烂而破碎的对象世界时，我们往往有两种不同的心境和情感结构，而被我们称为"垃圾"的东西正存在于这两者的中间地带，在占有和抛弃的欲望两极间游走。当我们在思考"垃圾"时，不应只是把它们看作纯粹的废弃无用的物品。一个更好的办法，是将其视为一种不尽如人意的临时命名。"垃圾"是人们对于自己和不再需要的东西间的情感关系的命名。垃圾所表现的，是耗尽的，变质的，或被中断的欲望。因此，它也是原始的物品。当我们在谈论垃圾时，我们也是在讨论其他古已有之，或将永远存在的物品。相反，谈论任何的物品，其实都是在指向其最终毁灭的状态。垃圾是一切加上了时间的物品。

在克里斯·乔丹（Chris Jordan）[1]拍摄的信天翁干枯尸体的照片中，我们仿佛看到了某种劳申伯格（Robert Rauschenberg）[2]装置艺术品

---

[1] 克里斯·乔丹，美国当代摄影师。摄影作品多关注人类的消费社会问题及全球环境危机。
[2] 罗伯特·劳申伯格（1925—2008），美国20世纪波普艺术大师，将废物、垃圾、画作与雕像结合进自己的艺术创作中。代表作品为《姓名缩写》，《土耳其宫女》等。

的翻版。这些鸟儿的内脏（或在它们被撑爆致死前曾经是内脏的部分）塞满了人类的塑料垃圾，这些垃圾从它们的体内溢出，就像糖果从彩色陶罐中迸裂出来一样。从它们分解的尸体内部，能看到一堆惊人的塑料碎片，五颜六色，形状精巧。很多鸟儿从太平洋垃圾带中将它们衔起，误食了这些塑料垃圾；甚或在它们还是幼鸟无法自己吞咽这些垃圾之前，便已由它们的母亲一口一口哺喂。在鸟儿撑破的体内，如此具体的、独特的身体负荷的极限，实在可谓触目惊心。而在这些不幸的动物眼里的诱人的"美食"，恰是我们这个塑料星球亲手奉上的。

这些鸟儿的身体曾经消化了人类的垃圾碎片。而在呈现它们的腐烂过程时，乔丹的照片最引人注目的地方，是捕捉到了躯体最后濒临消失的时刻。我们可以看到头盖骨的大致轮廓和各式各样细瘦的肋骨,但从整体上说,我们看到的是塑料垃圾舒适地依偎在破碎了的羽毛中:就像是某些垃圾匠人故意把他的作品留在了岛上的石丛中,以供过路人欣赏和沉思。但是,如果这些鸟儿的残骸总是难以辨认的话,随着时间和环境肆意侵蚀掉那些自然的部分,它们最终只会留下体内林林总总的塑料。这些五颜六色的残迹,将很可能在越发可见的同时,越发令人感到困惑:看似熟悉却又神秘莫测,就像是瓦雷里笔下苏格拉底在海滩上捡到的那个东西一样。大部分可以辨认的东西明显是人造的,塑料制的,但人们往往难以说清楚它们曾是我们所使用物品的哪一部分。长时间凝视这些"塑料鸟巢"会带来一种奇异的感觉,好像它们既属于我们,又不再属于我们。它们已经成为了这个星球垃圾场的一分子。被如此彻底、持续地消解以后,再无任何引人注目之处可供辨识。这只是无数例子中的一个。一片小得不起眼的垃圾，往往有着惊人的能量和耐力。这样的事情正在这座星球的每个角落里上演，制造麻烦，甚至给生命造成威胁。这群罹难的鸟儿正提醒着我们，在人类的照相机捕捉不到的地方，还有许许多多同样惨遭厄运的生命存在。它们或在某处阳光明媚的悬崖上，无声地窒息而死；或坠入海中，只有一朵小得几乎看不见的浪花为它们殉葬。

用纪录影像呈现垃圾对动物世界的破坏，乔丹显然不是独一无二的。但出于另一个原因，这组图像显得格外令人瞩目。它们不仅及时记录下了个体的鸟儿在死亡中渐渐失去其"鸟性"（birdness）的时刻，而且同样捕捉到了塑料长得惊人的分解过程中的一个关键时刻。这些新的塑料集合在这里，将它们自身的转变过程呈现出来。就像地球上每天生产的数

艺术部经理与新的服装模特,克罗利-米尔纳百货公司,密歇根州底特律

万亿计的不可降解的塑料一样，它们在我们的视线里时隐时现，在暴雨中的排水沟里出现，或在被倾倒到海里之前在大街上翻滚。我们可能看见过它们在水里浮浮沉沉的身影，直到被冲走或淹没，然后被遗忘。但在这里，这个被乔丹用镜头捕捉到的时刻，我们目睹了那些曾经散落的垃圾。它们又在某个地方重新聚集，打包在一起，刺穿并破坏了动物的身体。人类制造的碎片，在这些活着的生命体内形成了一个临时的集合，然后又再一次被排出体外。随着风渐渐把羽毛和骸骨吹走，鸟儿们最后的痕迹，因为人类为图一时之便的罪恶而消失无迹。乔丹的照片捕捉到了这个变化中的瞬间，及时地引起了人们的注意。这组照片照亮了大部分时间不为人们所见的角落。看着它们，就如同看着一个个露天墓穴，墓穴埋葬的是我们那身体里塞满了垃圾的信使。鸟儿吞食的垃圾来自成千上万的不同的人群，但这些人不会相遇，也根本不会知道彼此的存在。是鸟儿的内脏为他们提供了一个另类"相聚"的空间，通过一个更长的时间维度和全新的地理想象，记录下人类活动所制造出的垃圾景观（wastescape）。在为人类履行这项致命服务的同时，鸟儿的身体，临时充当了连结破碎人性的容器。在这个噩梦般的场所里，我们共同制造的垃圾成为了它们最后的晚餐。

俯身凝视这些因塑料窒息而死的尸体，随之而来的晕眩感，就和站在地铁月台上俯视湿漉漉的铁轨没什么两样。在那些黑乎乎的地方，混杂着发臭的污水，破烂的矿泉水瓶，易拉罐，过期的地铁票，发霉的废纸，还有许多已经难以识别的又脏又臭的东西。和地面上的城市截然不同，地铁月台绝少提供什么远景。

而都市生活的惯例，是尽量避免和其他的陌生人群产生交集。那些时不时从看不见的地下道里窜出来的老鼠，踏过污秽，总是在地铁进站之前，很快又消失在同样昏暗的隧道中。每当站在月台上的时候，我发现自己总会盯着那些垃圾发呆，它们淤积在轨道的周围，和脏兮兮铁锈一个颜色。多么恶心，但我无法移开我的目光。

如果你乘坐纽约地铁 2 号线或 5 号线到达终点站弗莱布许大道（Flatbush Avenue），然后一路往南走，穿过国王高速公路（Kings Highway）和牙买加湾（Jamaica Bay），直到进入巴伦岛（Barren Island）这个位于布鲁克林最南端的小半岛，最后，你会找到通往死马湾（Dead Horse Bay）的那个隐秘入口。在早先的纽约，这里曾是人们用来埋葬马骨和玻璃器械的地方，直到它不再能满足纽约的环卫需要，而被更大的填埋场所取代。飞鸟在上空掠过,浪花静静拍打海岸。相比于当今的市政垃圾处理场的规模,死马湾显得小得多,也更加杂乱无章。尤其是在阴霾的早晨,死马湾空无一人,远处的纽约城大都会也几乎消失了。那条通向海湾的长长的小路,显得干净而荒凉,简直就和支线机场或低安保科研场所周围的道路没什么两样。你当然可以来这里,但是这片无人的风景,显然不欢迎任何访客打扰。除了最固执、最忧伤的流浪汉,这里绵延无尽的寂静的绿色,仿佛可以将一切人类拒之千里。即使找到了隐蔽的入口,怎么抵达海滩垃圾场仍然是一个问题,道路两侧浓密的灌木丛将它藏得严严实实。对于习惯了城市生活模式的人来说,突然来到了这样的荒芜边境,格外需要探索神秘的冲动和一股莽撞。如果你不知道上哪儿去找那条小径,可能就根本不会注意到那个橘色塑料网打成的结，小径的入口就藏在它的后面。弯曲的小径穿过歪七扭八、盘根错节的树枝、野草和灌木丛，一路通向海边。假如心情好的话，在这条小路上穿行的时候，可以想象那是一部恐怖电影的开头，而自己正置身于一座远离城市文明的死亡迷宫。兔子在轻轻啃食带着露水的青草，微云般的蚊群在等待中徘徊。你看不见前方的路，看不见海岸，也看不见头顶的任何东西，在无限逼近的穹顶包围下，你不得不加快自己的脚步。在这个地方，人的想象力会得到高度激发。在阴森的绿色浓雾里，仿佛下一秒就会有一个疯子或什么吓人的尸骸突然冒出来，在恐怖的寂静中将你吞噬。一个如此空旷，杳无人迹的地方，当然不可能修剪得整整齐齐。也因此，这条小径和你平日里会去的地方（当你没有要去寻找一个老的垃圾场的时候）看起来完全脱节。

但是最后你还是会到达海滩——只要鬼怪们没有把你吃掉。而且如果恰逢涨潮时分,轻风吹拂,你会感觉自己仿佛闯入了一个与世隔绝的地方。一艘停在干船坞里的废船,一个玻璃瓶悬挂在歪脖树上,在微风中丁丁当当地摇晃。从北到南,海滩上到处都散落着垃圾和令人困惑的碎屑。我第一次造访死马湾的时候,在海边看到的第一样东西是一只庞大的鲨,它的尾巴在水里轻轻地来回摆动,令人想到节拍器上的指针,细长而精准。它球根型的大团身体伸出水面,看起来就像是一个巨人湿漉漉的灰色头盖骨。在那以前,我从来没有在这个世界上见过鲨。它化石般的生存状态,令我顷刻间忘记了自己来这个地方的初衷:我原本是为了一睹死马湾的垃圾而来,想不到这个理应充满死亡气息的地方,竟然有生命存在。在最近的几十年里,这个海湾已经俨然变成了废弃物

孩童与死马,纽约市

的朝圣地。装饰华丽的垃圾树，荒弃的寺庙，路标，记号，骨头和瓶子做成的造型艺术品，都是它这一新身份的证明。当你捡到一个你认为保存完好的旧瓶子，想知道这是不是有些年头并不困难。生产于过去两个世纪里的瓶子身上大多有自己的生产商标记。只要在它们的周围再花点时间挖一下，你就能很好地识别一些更明显的特征：是不是有螺旋盖（因为大部分真正的老瓶子用的是软木塞），颜色如何（通过不同时期的玻璃颜色，总是可以很快地判断出生产年代），又或者通过缝合的地方判断，瓶身是不是由不同种类的玻璃所构成的——因为大批量生产玻璃瓶的工艺流程，往往更依赖使用预制模具。

通过观察这些特征，你很快就会发现，这里的垃圾不仅来自主要用来埋葬马匹和玻璃的历史阶段，同样也来自其他时期，尤其是不远的过去。事实上,这里不仅是一个常常被古董玻璃瓶收集者洗劫的垃圾场,同样也是一个新的废弃物的集散地。多年以后,不再是官方指定垃圾填埋场的死马湾,迎来了自己的鲜为人知的新生:这个地方变成了丢弃某些特定物品的首选,以致渐渐变成了一个旧物藏宝地。人们把搜寻到的旧玩意儿带回家中,它们遂变成古玩陈列柜里的收藏。有一次,我在那里看到了数量不少于半打的屋仔牌糖浆瓶,它们都是崭新的,在某一场派对狂欢后,被随意地扔在岸边。现在已经很容易找到新近制造的废弃物,像是还算吸引人的漂亮玻璃瓶,仿复古风格的陶瓷,还有好多看起来很陈旧的玩具。它们随处可见。究竟是什么驱使着人们去做这样的事情?是为了给地表添上新的玻璃层,以此作为一项维持历史延续性的工程?还是为了一些更邪恶的目的呢——戏弄不知情的来访者的恶作剧，让他们误以为自己捡到了古董，但带回家中的宝贝其实只是廉价的宜家盘子碎片？如果能成功地偷天换日，让别人把你丢在那里的垃圾当成宝贝捡回家——光是想想就已经令人乐不可支了，尤其是当你自己在那里找到了真正的古董的时候。也有可能，这样的做法并非出于恶意，仅仅就是想要开个玩笑：既然这个海滩能容得下玻璃和其他迷人的碎片，当然也得容下点儿别的东西。但是很显然，大部分新近出现在这里的废弃物都是被随意丢弃的，只要随意看一眼到处乱扔的啤酒瓶或脏尿布就知道了。而那些奇形怪状的，色彩斑驳的盘子和玩具被专程带到这里，留下来故意为了让人找到，伪装成有年份的废弃物，或为了其他什么神秘的目的——都是最近才发生的事情。

　　如此看来，死马湾的意义，已经远远超过了一个纯粹的垃圾堆积场。在这个塑料时代

(plastic age），它的历史已经悠久到足够产生新的考古价值。现在，这个地方已经演变成了一个特殊的通讯枢纽，它拥有形形色色的造访者，新旧不同的垃圾是它与众不同的传递信息的手段。与其说这是一个供人们弃置东西或顺手牵羊的地方，不如说它借助垃圾，为我们提供了一个与不在场的人进行对话的机会——不仅是和那些曾经来过的人对话，也是和那些将来会来这里的人对话。在死马湾，垃圾变成了一个有趣却不乏诚挚的装置，我们可以通过它与死者交谈。当曾经被埋葬在这里的马骨被潮水洗净，或为泥浆侵吞，脱节的当下仿佛也找到了与往昔重建历史关联的方法。站在这片海滩上眺望未来的时候，我们也终将意识到，人们出于种种目的扔在海滩上的崭新的物品，其实都是我们亲手制造的历史的一部分。正是在这个意义上，死马湾和务实的环境卫生管理思路截然不同。后者认为有必要建立更大的现代垃圾填埋场,就像东海岸的福莱士吉尔斯或西部的朋地山那样(就在那座山脚下,我度过了自己的童年),在那里,一切需求都仅仅是为了控制住现代生活制造出来的无穷无尽的混乱,尽可能地填埋和移除我们的日常垃圾。而人们来到死马湾,是为了赴一场与陈年旧物的盛会。人们在垃圾堆里或寻找,或逡巡。而那些新近产生的垃圾,则羞怯地藏身其中,等着捉弄下一个没有眼力的倒霉蛋,或者展开一场不同年代、不同年龄的垃圾之间的新对话。这里已经变成了一个提前安放"遗迹"的地方,为着或近或远的将来。在这片海岸上,故事不再藏身在漂流瓶中,因为被丢弃的瓶子本身已经成为了新的历史承载者。

第二章

垃圾友人/过剩标签页

死马湾是少数几个可以让我们区分"人为废弃物"（*volitional* waste）（比如那些成色较新的普通茶托或陶瓷雕像，计划好要被重新捡起和珍藏）和那些随便丢在路边的啤酒瓶的地方。同样，它也是少数几个不仅仅有垃圾的地方。更准确地说，在死马湾沙滩上发生的行动应该被称为"有意的丢弃"（littering-with-intent）。把垃圾丢在特定的地方成为一种新风尚，这种做法和普通的乱丢垃圾的行为形成了鲜明的对比。相较之下，后者看起来是无意识的，也就更令人讨厌。普通垃圾的存在提醒着我们，其实我们从来没有思考过这些随手丢弃的东西到底是什么，又从何而来。我们已经习惯了对手里的东西拿来就用，用完就扔。对于它们身前的历史和身后的命运，我们丝毫不感到好奇。但是，当看到别人在路上随便乱丢垃圾的时候，我们还是会做出一副受到了冒犯的样子。

相比之下，随意丢弃的垃圾再普通不过，其存在源于因人而异的漠然。作为动因，引发乱扔垃圾这种行为的漠然，其实正是欲望的另一面。我们对于垃圾的漠不关心，是因为我们已经享用完了我们需要的部分：比如包装袋之于薯片，或包装纸之于口香糖。在垃圾的王国里，人们最熟悉的标志莫过于数量惊人的公共垃圾桶。在交通拥挤、资金不足的公共区域里，垃圾桶是一道随处可见的风景线。作为一个专门用来"丢东西"的地方，总是被塞得满满当当的垃圾桶，显然和随随便便丢在大街上的垃圾有所不同。它提醒着人们,"渴望"(desire)与"抛弃"(discard)之间的那条界线其实是延展的,浮动不定的。而当我们在看待自身和个人垃圾之间的关系时,既不应像公民素养低下的人那样完全漠视公共空间,也不必像环保斗士一般理念苛刻——这些全身心奉献的人每年制造的垃圾用一个小瓶子就可以装下了。在这两种观念之间,我们发现了一种专属于现代社会的特殊现象:人们把垃圾集中在指定的清理地点附近,或者称之为"自主放置"(intent-to-dispose)。在繁忙拥挤的大城市里,独立包装的一次性咖啡杯或饮料罐,诸如此类的垃圾在街上普遍出现绝非偶然。身为现代的"摩卡一族"(mochatariat),我们快节奏的生活被卷入了资本的滚滚洪流中。在这里,一部分人受到的教育,要求他们对人类同胞、社会乃至这个星球负担起语焉不详的"责任"。把垃圾扔到正确的回收站，或者将随地乱丢的垃圾送到"合适"的地方，把它们交给专人处理后，再将一切抛诸脑后，都构成了这项"责任"的主要内容。在咖啡一族的需求获得满足后，又有新的杯子源源不断地加入到垃圾堆里，有些则已经溢出到了地面和街道上。而我们在路过这些地方的时候，却在心里纳闷，为什么环卫工人还不快点将它们清理干净。城市里无处不在的纸杯，提醒着我们"什么地方适合投放垃圾，什么地方则应该完全没有垃圾"的理念还需落实，尽管我们没时间也没精力为此烦恼，毕竟还有其他许多事要做。

咖啡纸杯堆成的小山同样令人想起杰弗里·稻叶（Jeffrey Inaba）[1]/C实验室（C-Lab）的

---

[1] 杰弗里·稻叶，日裔美国建筑设计师，加州大学洛杉矶分校访问学者，稻叶工作室创始人。关注建筑设计如何参与社会、技术与反主流文化的互动。著有《适应：建筑，技术与城市》《给予的世界》。

作品《垃圾曼陀罗》(*Trash Mandala*)。这件色彩绚丽,精致非凡的艺术作品,将我们这个时代的"水合冲动"("hydration compulsion")转换成了一种准宗教的神话画面。作品刻画了人类对公共土地里掠夺来的瓶装水的欲望。它创造了一个世界,在这里,无数富庶而贪婪的人渴望着少得可怜的水。他们一次又一次地贪婪地将水饮尽,扔掉它们的罐子。他们体内充满了对于水的难以遏制的渴望,只有无数的瓶装水可以稍稍平息他们的焦躁。就好像是每一天,每时每刻,在一些地方,干净的水源已经达到了包装和售卖的标准,我们却还在大件大件地购买瓶装水,浑然不知自己已经走到了资源枯竭的边缘。水固然是人类公认的必需品,但也同样制造出了数量十分惊人的垃圾。如果石油峰值的时代真的来到,那么垃圾峰值和利己主义峰值的时代也会随之而来。到时候人类必须面临为了活下去而痛苦呻吟的命运,就像是神话中的坦塔罗斯(Tantalos)[1]一样。

去年冬天,当最后一片叶子从我家厨房窗外的树上飘落的时候,我发现了一只挂在树枝上的塑料袋。对于光秃秃的树干和不断制造垃圾的地方来说,这实在是个再寻常不过的场景。这些脆弱的幽灵出没于一年四季,但晚秋和初冬似乎是它们最泛滥的时候。第二天,那个塑料袋还在那里,第三天,第四天……它都没有消失。在经受了几个礼拜狂风暴雨的洗礼、冰雪交加的折磨之后,这个塑料袋始终在枝头岿然不动。几个月以后,在我已经相信它会永远坚守在那里之后,我的这位"垃圾友人"(trash familiar)突然不见了。

---

[1] 坦塔罗斯,希腊神话中宙斯之子。因为侮辱众神被罚入地狱,忍受着永无止境的折磨。

制宪会议标志与垃圾桶,马萨诸塞州坎布里奇

通常来说,我们希望一切有个人色彩的,未被收集的废弃物可以是流动的,不受控的,就像是《美国丽人》(*American Beauty*)[1]里面那只著名的垃圾袋一样,或者是拉敏·巴哈尼(Ramin Bahrani)的电影《塑料袋》(*Plastic Bag*)[2](沃纳·赫尔佐格的旁白听起来已经快要喘不过气了)。与此同时,我们又期盼着那些被正确地收集起来的垃圾,能够被"安全"地好好贮藏,就像在福莱士吉尔斯填埋场一样。如人们所愿,那儿的一切看起来都是绿色的,为了长时间的保存而被压得紧紧的。但垃圾同样也是一种孤儿。它既不出现在自由流动的地

---

[1] 美国电影《美国丽人》(1999),由梦工厂出品,萨姆·门德斯导演。获得了第72届奥斯卡最佳影片,最佳导演,最佳男主角等五项大奖。片中有一个展现塑料袋随风飘扬的空镜头被认为是《美国丽人》的"神来之笔"。
[2] 美国短片《塑料袋》(2009),由拉敏·巴哈尼编剧和导演,沃纳·赫尔佐格旁白。讲述了一只塑料袋寻找它的制造者的旅程。

方,也不出现在集中填埋的地方——至少有时候是这样的。很多时候,它们暂时借宿在某个地方,然后开始在附近渐渐站稳脚跟,为自己争取领地与权益。这样的东西,毫无疑问是垃圾,但又没有去到垃圾应该去的地方。这些"垃圾友人"的存在,模糊了不断产生中的垃圾(它们被吹得到处都是)和储存库之间的界线。它扬言要变成一个固定的存在。卑微的"垃圾友人"为我们提供了一个观察的视角:垃圾的威力远比它的外表看起来要大得多,也危险得多,而且没有国界。它们创造了自己的飞行航线,将恶臭散布到了离家很远很远的地方——因为它们的确无家可归。在同等的意义上,一切没人要的东西都缺少一个家。所以,我们应该把那只在树上冬眠的垃圾袋解读为一个符号,它象征着一切借宿在别处的不为人知的垃圾。这种不受欢迎的感觉,令人感到如鲠在喉。

生活在这个日渐被垃圾填满的世界上,我们已经无处可逃。一定有更干净、更光洁的地方存在,那里阳光普照,明净如新,没有讨人厌的霉菌或斑斑锈迹。当我们把目光从窗外翻腾的塑料袋身上收回,转向电脑寻求慰藉:在那里,电子邮件、线上聊天、广告、浏览器、窗口、网页、点赞、文档、订阅号和数据流量在源源不断地累积,就如同无止境的大雾中连环相撞的车祸一般。就好比是现实世界的瓶瓶罐罐碎了一地,塑料袋被风雨撕成了碎片,这些数据碎片,也构成了另一种让人徘徊迷失的荒原。有时候它会成功地伪装自己,让我们误以为这里和外面实在的物质世界的废弃物大相径庭。但事实显然并非如此。

在很多人眼里,数码时代就是一个不断传递着"微欲望"(microdesires)的时代,我们的欲望和需求不断被刷新、升级，无休无止。被保留和丢弃的东西组成的洪流，让人们本就已紧绷的对于"兴趣"和"注意力"的认识变得更加复杂。在网络世界里，更容易感受到伊夫·西通（Yves Citton）[1]所描绘的"新注意力生态学"（new ecology of attention）的潮汐般的吸引力。现在事情已经不仅仅简单地关乎作为个体的我们在关注着什么（我可能会盯着铁轨上的老鼠看，但是另一个上班族会因为感到恶心而移开目光），而是关于超个体的注意力的问题。登录网络世界以后，我们关注的不仅是那些最抓人眼球的新闻、八卦和琐碎资讯，也会去关注其他人此时此刻在关注着什么。形单

---

[1] 伊夫·西通，法国文学研究者。现为法国格勒诺布尔第三大学法国文学教授。著有《如何管理注意力》《人类的身体语言——美学体验中的自然人类学》《不可持续的逆转》《神话统治——左派的讲故事和想象》等。

影只的海滩流浪者,只是跟随着自己的想法和兴趣在马骨和古董玻璃瓶中游荡。但在网上,她会被更广阔而无奇不有的空间所吸引,也会被所有以集体—个人的方式穿行其中的人所吸引。和望向窗外观看枝头垃圾袋的视角不同,从一个个窗口进入数码空间的新视角,同时吞噬了当下与未来。它把我们推进了一片奇异幻境,在那里,时间被放到无限大,而且可以不断进行替换。对于一部分人来说,除了对于时间的可塑性的幻觉,不断收藏网页标签页的行为也带来了欢乐:拥有这么多朋友,能够探索这么多的新鲜事物,如此地紧跟时代潮流。网民们徜徉在凝聚了集体目光的洪流里,日积月累,洪流终将变成一片汪洋大海。

出于这个原因,加之在屏幕之外目睹了太多太多废弃物的存在,我最终放弃了"收件箱清零"(Inbox Zero)的努力。我渐渐将它作为一种现代语境的副产品接受下来,毕竟不计其数的事物、观点和人群,时刻都在争夺着我们相当有限的注意力。无论我们接触到其中的多少——如果我们表现得不够积极,也不够多产的话,我们就什么也不是了——总是有更多的东西在中途惨遭抛弃:我们原本打算要读的文章;文件夹里写到一半的论文;我们原以为自己有时间就会去一探究竟的网页链接和汤博乐(Tumblrs)的"兔子洞"[1];大量的帖子、微博、博客链接和网络订阅,我们还没有来得及阅读、分享、储存,甚至来不及遗忘。在一定的条件下,这些现代生活的人造产品看起来宝贵而迷人,它们在控制我们的同时,也在不断地转换成垃圾。因为我们不可能对它们进行全

---

[1] 兔子洞(Rabbit hole)源自《爱丽丝漫游奇境》,意指进入一个奇特不同的世界的入口。

盘的筛选，并给予它们所要求的或应得的注意力。但是这些数字荒漠，又不同于从前那些我们可以飞速丢弃的实体物品。虽然它们只是偶尔使用，偶尔才发挥重要作用，它们仍然是（或有潜力成为）个人与集体的历史与记忆的深层仓储。其余的时间里，它们就静静摆在那里，被忽略，渐渐在沉默中腐烂。过期的点赞收藏，被删除的帖子，还有悄悄失效的链接……在我们的网络世界里，它们似乎时不时就要吞没每一寸慢慢老化的空间。

我们可以轻易地将网络世界的垃圾，看作是周遭这个过剩的物质世界中的一个特殊品种。未读的报纸，《纽约客》和书籍，成堆未洗的衣服，杂货或积压未完成的工作，看起来都和它没什么差别。在一定的存在层面上，它是不变的。我在电脑上开着40个网页标签，或17个写了一半的文档、帖子——而不是将它们摊开在地板上——这样的做法,并不会减少它的存在感和真实度。它们在大地上真实地存在着,就和其他任何半掩在沙子里的东西一样,也承受着同样的物理压力。也就是说,数字垃圾并不能摆脱其作为物质存在的事实。就像我们喝的咖啡一样,生产它们需要不断消耗大量的能源、劳动力、资源、时间和空间,所有前数字时代的废弃物是如此,今后也还是如此。就这一点而言,数字垃圾与社会、政治以及经济危机息息相关,和物质垃圾没什么两样。但是数字垃圾形成的垃圾空间确实又是完全不同的。"清空收件箱"的冲动,"给生活做减法"的号召,不要沉迷数字世界的呼吁(就好像它会和你的正常生活分离一样),这些似乎会令我们错过一些重要环节,影响我们对于现代生活方式的理解。网页标签过剩的趋势,点赞的空洞,废弃文档,诸如此类的数字碎片看起来更加膨胀却"干净"。这就意味着它可以为我们充当一个自省的装置：我们和垃圾、时间、记忆乃至自身的关系都值得一一反思。在历史上，我们和所丢弃的日常生活垃圾之间的关系，一直都是"抛弃"和"移除"的关系。从传统上说，垃圾一旦被归为"垃圾"，就已经从我们的视线和记忆中被移除——至少对于那些有着可靠的清理手段的人来说是这样的。在我们天真的设想中，我们不要的残羹冷炙、破铜烂铁都会被转移到某处看不见的垃圾场。然后眼不见则心不烦，最好可以永远消失在我们的日常生活里。但就像环境哲学家蒂莫西·莫顿（Timothy Morton）[1]指出的，根本就没有什么想象的"别处"可以指望。我们共同

---

[1] 蒂莫西·莫顿，英国哲学家，现任教于莱斯大学。主要研究领域为本体论和生态论，亦从事文学批评与文学理论研究，代表作为《自然缺席的生态学》。

制造的垃圾山就坐落在说不清的"别处",充分地说明了现代人的生活是多么的固执与自欺欺人。但和数字荒原不同,这些废弃物都被埋了起来。它们是不受欢迎的,不重要的,隐形的,几乎完全被人们遗忘了。生活越是充满变数,人们就越难以继续关于驱逐和迁移垃圾的白日梦。吸进肺里的每一口有毒的空气,喝进肚子里的每一口致癌的水,手中的每一捧污染的泥土,都在提醒我们,我们的垃圾总会回到我们身边——更具体地说,不仅仅是"我们"而已。

在伊塔洛·卡尔维诺(Italo Calvino)[1]的杂文《可爱的垃圾桶》("La Poubelle Agréée")里,把家庭垃圾拿出去交给路边的垃圾清洁工

---

[1] 伊塔洛·卡尔维诺(1923—1985),意大利作家,记者。代表作有《看不见的城市》《树上的男爵》《通向蜘蛛巢的小路》等,收集整理了《意大利童话》。

的过程,被描述为从私人空间到公共空间的转换。对于卡尔维诺来说,这种仪式性的动作,提醒着他社会契约或其他人口中的"文明"的重要价值。他也由此开始,衡量那些把私人生活的工业化消耗和抛弃物捡起来的垃圾清洁工的价值。他这样写道,垃圾清洁工,是"地狱的使者,或者物品的送葬者……还会告诉我们除了毁灭,还可以怎样去拯救一个产品和一种消费,他们释放了时间碎片残留的重压,他们是沉重的黑色天使,却象征着明净的光亮"[1]虽然卡尔维诺在文中别处的论述看起来并没有这里复杂,但是我认为他对于"我们的垃圾就像我们的排泄物一样"的观点更加真实,也更切中要害。如卡尔维诺所言,每天出门倒垃圾的

---

[1] 本文中《可爱的垃圾桶》的中文译文引自《圣约翰之路》,伊塔洛·卡尔维诺著,杜颖译,译林出版社 2015 年版,第 104—105 页。

习惯对他来说,不是出于打扫卫生的本意,也不是为了替描写环卫工人寻找灵感素材,而是为了第二天早上醒来时,可以开始洁净、崭新的一天。垃圾在他的眼中,是人类活动留下的恶心的残渣。划定合理的分界线,将它们从我们身边驱逐出去,既是一种希望,也是一种需要。当我们一次次把私人垃圾搬运到暧昧的"公共"区域,并在此后绝大多数时间再也不会想起它们,卡尔维诺所说的话,正是道出了许多人对于这些废弃物的真实感受。卡尔维诺说,这是一种"净化的仪式",是丢弃"自我的残渣"("the detritus of myself")的仪式。通过这个仪式,他确认了将自己与曾经一部分的自己分割开来的需要。他说,这样一来,第二天醒来的时候,"我还可以在我的存在以及我所拥有的东西中感到自己是完整的(没有残渣）。"[1] 垃圾因此赋予了一些比物品特定的生命阶段更重要的东西以意义；追溯到最初，其实是人与物之间特殊的情感关系让一件物品成为了"垃圾"。一旦占有的欲望在这段关系中被榨干，我们的手中就只剩下了欲望的残渣。物品失去了它的"物品性"（thingness），变成了需要被清除的存在。我们对垃圾所怀抱的真实的惧怕，好像并不是因为其不受欢迎的、面目可憎的腐烂本身，而是出于抗拒它们的接近而慢慢滋生的恐惧——它们似乎抹除、干扰或威胁到我们作为个体存在的"独立感"。

但是，从一个更为直接的角度来看，垃圾已经变成了一种由别人为你清除的东西。而且，垃圾虽然多多少少从你的世界里被清理出

---

[1] 本文中《可爱的垃圾桶》的中文译文引自《圣约翰之路》，伊塔洛·卡尔维诺著，杜颖译，译林出版社 2015 年版，第 102 页。

去了，却远远没有在这个世界上消失。它们最终还是会去向某处，只不过到了那个时候，我们对于新鲜、零负担、洁净的"自我"的浪漫主义幻想，早已经在"消费—抛弃—认同"的重复循环中得到了进一步发展。虽然这一"消费—抛弃"的模式令很多人感到罪恶，垃圾制造的方式却已不再仅限于这一种，至少看起来更加"清洁"的数字垃圾就不是这样。现在我们无时无刻不在网上处理事务：我们关掉浏览完毕的网页标签（至少是一部分）和窗口，把旧文档扔进"废纸篓"，或是删除不再需要的文件夹。大多数的在线聊天最后都结束了，这取决于你和谁交谈；订阅和数字清单偶尔会被彻底删除。但是越来越多的情况是，它们并没有被彻底地清理干净，而且你也永远无法真的将它们完全清除。在这个千万人瞩目的世界里，我们是怎样被千变万化的大世界以及人们的关注所淹没的?我们消费网络世界的速度有多快,数字垃圾累积的速度就有多快。在这个意义上,信息时代正在把我们每一个人都变成数码贮藏者。我们被迫去依赖越来越多虚拟的事物,但却没有时间和空间去安置它们。我还清楚地记得,从前我只是有成堆的书来不及阅读;现在这一切都转移到了我的硬盘、订阅资源,还有一切网络云端之中。

认识到数字生活给资源耗竭带来的严重后果以后,这样的囤积,有时候仍可以看成是一件好事。这些数字垃圾堆是记忆、新型日记、自我发现和重新自我发现的重要助手。它们是(或有潜力成为)与特殊的个人及文化时刻密切相关的档案,记录了许许多多集体的能量、创见与交换过程。这个功能是惹人讨厌的咖啡杯所不具备的。因此,老一辈对科技时代的危害的陈词滥调看起来实在经不起推敲,而这只是数个证据中的一个而已。我们所继承的文化，这个发明了汽车、州际公路、郊区、购物中心和401k计划[1]的文化，谴责了眼下这个新的时代。在这个新的时代，我们把大量的时间花在平板电脑和手机上，其中多数时间都在和其他人交流。"人类"这一元素，在那些轻蔑的声音中常常遭到忽略。那么，人类世世代代制造出来的相似的废墟到底是什么呢？在我们之前，前数字时代的人已经把触角伸到了地球上的大部分地方，使海洋和生物圈遭到塑料的污染。在数十年的历史进程里，用廉价的一次性用品和它们造成的垃圾，把地球搞得乱七八糟。但是，被认定为举止轻浮、铺张浪费的，

---

1 "401k计划"也称401K条款，得名于美国1978年《国内税收法》新增的第401条k项条款的规定。于20世纪80年代初正式实施，是一种由雇员、雇主共同缴费建立起来的完全基金式的养老保险制度。

追踪氯与监控铝硫酸水池的计算机和操纵台，F.E. 韦茅斯过滤厂，加利福尼亚州拉孚恩

却是新千年的一代人。事实上,近来的历史似乎正要表明,今天我们之中许多为了生存而苦苦挣扎的人,恰恰是经济扩张年代的废弃产品(包括鲍曼在内的很多人都曾提醒过我们)。而这个年代,可能很快就要走向一个大洪水般的灾难终局。

与此同时,我们还面临着在信息的海洋里,膨胀的社会关系里溺毙的危险,或至少是在踩水挣扎。如果说每个人都熟悉"社交控"(FOMO, Fear of Missing Out)这个词,那么我们也许会对"囤积狂"(FOTO, Fear of Throwing Out)稍感陌生,但后者和前者一样真实,也一样重要。如果说社交控来源于一种人人都试图跟上社交媒体、网络互动、信息和声望经济(prestige economies)的步调的焦虑,那么,囤积狂其实是同一件事的另一面。有那么多出色的网站、报纸、文章、作家、艺术家、原因、议题、对话、聊天、微博和订阅号。好东西实在是太多了,以至于只是身处其中,又或者是假设会使用它们,甚至仅仅是听闻却已错过,我们仍然很容易对之产生某种依恋。当我们穿行其中,这种依恋感与其说是出于交流中的即刻怀旧,不如说是狂热的生活为我们带来的一种觉醒。但这种觉醒为前代人所未见。如果说此前世代的人会拂去旧相簿或装满了信件的旧鞋盒上的灰尘,那么,当下和未来的人们对待积存的数字化历史又会做出怎样类似的举动?对于贮藏的传统材料,人们仍需致力于公平分配,但对于数字化的历史积存,我们的关切将始终持续不会中断。因为现在我们已经拥有了可以随时访问海量数字信息的设备,也就是说,在不断变化的当下,我们随时都可以重新进入历史。那些或近或远的过去,以全然不同的方式被开启和重新整合。囤积狂的心理早在数字时代之前就已出现，如今达到了前所未有的强烈程度。在当代生活中，永恒的现在（eternal present）总有太多的东西要跟进，我们必须成为更有经验的管理者。不仅仅是管理那些对我们来说很珍贵的东西，同样也要管理我们对欲望的清单一遍遍加以清空的日常生活进程，这一进程如同环卫工人终日在齐膝深的垃圾堆里工作一样沉闷。

如果没有比旧时代最勤奋的日记作者更强大的记忆助手，这种在过时的"状态更新"、点赞和博客文章中滚动会是一种什么样的感觉？当你将早年储藏东西的容器（即使人们每过十年才会拂去一次上面的灰尘）和我们相对频繁地开启的数字生活作比较，很快就会发现，很久以前未读的博客文章，曾经点赞的微博，陈年的聊天记录，都可以唤起数日、数月、数年以前的庞杂回忆。随之而来的还有无数与之相关的想法和念头。这些"试金石"中藏有和普鲁斯特的玛德莱娜小饼干[1]相同的潜力。很多年前你朋友的一条微博,并不见得就没有引发联想的历史价值。我们会想起朋友们曾经说过的内容,想起那些我们曾以为值得耳闻目睹的事物,曾经对宠物的热爱,肤浅的时尚和八卦话题,还有更多更持久的问题。将这些多少已遭废弃的对象收集起来,即使它们无法表征我们的生活的丰富性(即使是普鲁斯特,也只是在试着开始这样做而已),但它们是如此的持久,以至于同样的事情,绝对不会发生在我们每周定期清理和遗忘的路边垃圾身上。在这样的废墟之上,遗忘和铭记同时上演,欲望和抛弃此起彼伏。在物质组成的家

---

[1] 法国著名作家马塞尔·普鲁斯特(1871—1922)的小说《追忆似水年华》中著名的玛德莱娜小饼干,主人公多年以后通过泡在茶里玛德莱娜小饼干的味道,唤醒了一段沉睡多年的童年记忆。

里，我们收集一切也许会对我们来说很重要的东西，每个礼拜定期清理垃圾；而数字弃物，却给我们带来了一种截然不同的交流方式。

理所当然地，这些数字弃物为一些分界线带来了困扰：欲望和抛弃，过去和现在，最重要的是，旧的自我和不断形成的新的自我——不仅仅是在变动不居的当下，也在数字历史对我们造成的持续的影响之中——不管我们是否情愿。卡尔维诺曾经说过，从完成的事情里抽身而出，做一个干脆的了断，是于生命而言必要的过程。但是今天，已经没有简单的"自我的残渣"可以抛弃了。当我们被信息繁复且溢出的生活掩埋时，尤其没有。已经没有任何一种生活，或任何一种自我可以脱离卡尔维诺笔下那种需要每天专程出门去扔掉的垃圾了——谢天谢地，幸亏事情是这样的。

第三章

太空猪

在梦想成为一名宇航员之前,我也曾想过要做一名垃圾车司机。这是会发生在里根时代的事情,大概那也是最后一代做着"太空梦"的美国人了,当时的孩子们几乎都梦想着能在宇宙中与星星一起遨游。我看了电影《太空英雄》(*The Right Stuff*)[1],也抱着极大的热忱见证了航天飞机着陆的场景,追随着太空新闻报道,我对所有即将进入太空的人了若指掌。

---

[1] 美国冒险电影《太空英雄》(1983),由菲利普·考夫曼导演,电影根据美国历史上首批进入太空的宇航员的真实故事改编而成。

我有 NASA 的臂章，成套的纪念邮票，还钟情于收集 1∶64 比例的宇宙飞船塑料模型。我可以一一说出那艘注定命运悲惨的"挑战者号"（*Challenger*）[1] 上所有的宇航员的名字。我了解所有星球和主要的星座的名字，了解许多难以辨认的卫星的颜色，并且知道，在太阳系之外还有一个银河系。从夸克到类星体，从暗物质到黑洞，我都了若指掌。我还记得小时候有一次围着阿拉巴马汉茨维尔（Huntsville）的航天中心欢呼奔跑。当时一场风暴将至，天空乌云密布，却丝毫影响不了我的雀跃和激动。但在这一切发生以前，在我还是个小小孩的时候，我常常趴在窗边迎接垃圾车的到来，为它的体型和能力所折服。它在街区中来来回回的，缓

---

[1] "挑战者号"是美国正式使用的第二架航天飞机。1986 年 1 月 28 日在佛罗里达州上空发射 73 秒后发生解体爆炸，机上七名宇航员全部丧生。

慢而自由的身影令我深深着迷。在我的眼中，它会去往一个谜一样的目的地。在那里，所有被它吞下的垃圾都会被重新吐出来，并被埋在地球上某个很遥远的地方。从儿时起，外太空和垃圾场就以同样的方式吸引着我——那个未知的神秘的"别处"，在我童年的渴望中，令它们成了一对孪生姊妹般的存在。

正如约翰·R·麦克尼尔（J. R. McNeill）[1]在《太空污染》（"Space Pollution"）中所说的，政府向来认为由于清除太空垃圾的成本太过于昂贵，人们能做的确实不多。"而且无论怎么说，"他挖苦地补充道："宇宙那么大，总有留给太空垃圾的空间。这就好比是一百五十年

---

[1] 约翰·R·麦克尼尔，美国乔治敦大学历史系教授，出生于芝加哥。早年研究17—18世纪大西洋和加勒比地区的历史，后转向环境史研究。著有《人类之网：鸟瞰世界历史》《阳光下的新鲜事：20世纪环境史》等。

前，所有的工业家都会这样谈论大气层一样。"作者提到，在19世纪60年代，芝加哥人曾经相信密歇根湖完全可以容纳他们制造的所有垃圾。很多年来，出于同样的信心，人们都把垃圾直接丢进黑海、黄海或其他类似的地方。但是时间证明了人类大错特错。麦克尼尔更重要的意图，在于指出我们的社会长久以来都有一个习惯，就是为主要的垃圾制造者找到一个相对大的、相对偏远的地方，然后持续不断地把垃圾丢到那里。只有等到问题已经渐渐变得严重起来的时候，他们才会开始担心——污染、毒害、扩张、辐射和毁灭等等。当然，今天我们拥有像洛克希德·马丁（Lockheed Martin）[1]这样的公司，为美国空军设计一个"太空护

---

[1] 洛克希德·马丁公司创立于1912年，全称洛克希德·马丁空间系统公司，是美国第一家航空航天制造公司，美国空军第一大军火采购商。

栏"，以便追踪一切迅速增加的致命太空垃圾。2014年10月，"乔治·勒梅特号"（the *Georges Lemaître*），一架得名于著名耶稣会牧师、天文学家、物理学教授（他比埃德温·哈勃提前数年提出宇宙膨胀理论）的自动飞行器——从险些发生的太空垃圾撞击中拯救了一个国际空间站和里面的6位宇航员。如果那次撞击发生了，将带来不可设想的灾难性后果。当时的救援过程是极具挑战性的。在欧洲航天局后来的声明里，他们典型的低调措辞是这样的："这是空间站的国际伙伴首次成功地避免了因空间碎片引起的紧急事故。"被推进轨道，最后释放到陆地或海洋里，这枚小小的碎片如果按原计划降落，原本几乎不会引起任何人的注意，现在却显得无比重要。是它危险的速度，而非体积，令它变成一个破坏性的因子而重新成为人们关注的焦点。这次废料场引起的恐慌与以往慢性的威胁截然不同，在罗布·尼克松（Rob Nixon）[1]和罗伯特·布拉德（Robert Bullard）[2]长期以来的分析里，下水道泄露，癌症杀手，慢慢堆积的有毒污秽物，都在缓慢、秘密地摧毁我们的生活。因此在一个苦难每天都在一点一滴加深的世界里，它们并不会引起什么注意——在这里，只有突然爆炸的宇宙飞船才能吸引人们的眼球。

在上个世纪70年代，两个关于太空垃圾的电视节目横空出世，向观众展现了他们所需要了解的一切内容。《夸克》（*Quark*）——70年

---

[1] 罗布·尼克松，生态批评家，生于南非。为爱德华·萨义德的学生，现任教于美国威斯康星大学麦迪逊分校。著有《慢暴力与穷人的环保主义》《伦敦在呼唤：V. S. 奈保尔，一位后殖民要员》等。
[2] 罗伯特·布拉德，美国黑人社会学家，现任教于美国德克萨斯南方大学。主要研究领域为美国国内的环境正义运动及环境种族主义问题，被誉为"环境正义之父"。编著有《在南部倾卸垃圾：种族、阶级和环境质量》《对环境正义的追求：人权和政治的污染》《正视环境种族主义：来自草根的声音》等。

代的一个太空垃圾秀,不是安迪·格里菲斯(Andy Griffith)主演的那一部——是一个寿命不长的情景喜剧。这部无趣而老掉牙的电视剧,讲述了一支由多个种族组成的探险队,受命前往外太空清理垃圾的冒险之旅。《夸克》编剧巴克·亨利(Buck Henry),此前刚刚凭借《毕业生》(*The Graduate*)[1]的电影改编剧本获得了奥斯卡金像奖提名,但这不妨碍《夸克》跻身1970年代最糟糕的电视节目之列。这件事还是很有分量的。"我的使命,"夸克船长在画外音中说道:"就是勇敢地清理砂砾和污垢,收集那些难以收集的太空垃圾袋,让这个地方因为我的到来而变得更加干净。"我们从夸克船长口中得知,垃圾就是真正的"最后

---

[1] 美国电影《毕业生》(1967),根据查尔斯·韦伯同名小说改编而成,由迈克·尼科尔斯导演。获得第40届奥斯卡最佳导演奖,以及包括最佳影片、最佳改编剧本奖在内的八项提名。

的边疆"。夸克的胸前有一块大大的写有"UGSP"（United Galaxy Sanitation Patrol，银河系联合卫生巡逻队）字样的胸章，上面印着它愚蠢的徽标：一个塞得满满的封口的垃圾袋。当他遇到其他忙于维护太空安全的宇宙飞船指挥官时——他们的任务是打败布洛顿的大部队，或是窃取戈耳工的防卫计划——夸克正驾驶着他的垃圾驳船，带领着一群无趣的随从，说着他的陈词滥调。其他的指挥官们显然对他的故事并不感兴趣，"噢，这么说来，你是跟垃圾打交道的，"一个人这么回应道，"这一定非常地，呃……有意思。"当别人都得到了刺激的任务，电视剧里的首领，一个喋喋不休的负责指派任务的大脑袋，却一而再再而三地把"垃圾"安排给夸克。这个系列有幸只拍摄了一季，它的最后一集采用了一个对《2001

"发现号"航天飞机的后机身,可以看见可重复利用的耐高温保温砖,佛罗里达州肯尼迪航空中心

太空漫游》(*2001: A Space Odyssey*)[1]的翻拍镜头作为结束。超级智能电脑"瓦内萨"威胁说要废除他们所有人的权力。它已经完全控制住了整艘飞船及其船员,并打算最终杀死夸克,把他的尸体丢进他的太空垃圾堆里。船员们最终成功地从电脑大魔王手中夺回了控制权。在该系列的最后一个镜头里,伴随着《生而自由》("Born Free")的深情的歌声,这台邪恶的电脑被扔进了茫茫宇宙。它变成了一片漂浮的星尘:永不被回收,也永不会被人怀念。

《夸克》用非常老套和惹人讨厌的方式触及了跨性别议题、男性与女性的身份标签以及审美品位等话题。除此以外,这部电视剧也在尽力用笨拙、浅显的方式指出一个问题:对

---

[1] 美国科幻电影《2001太空漫游》(1968),根据阿瑟·克拉克的小说改编而成,由斯坦利·库布里克导演,被誉为"现代科幻电影技术的里程碑"。

"和垃圾打交道的人"的阶级歧视。当然,如果只是为了批判这种根深蒂固的偏见而过分深究一部像《夸克》这样劣质的作品,会显得非常愚蠢。与此同时,这个节目坚持重复《星际迷航》(Star Trek)[1]以及同时期其他类型节目与类型电影的科幻修辞,进而凸显出那些科幻作品中普遍不切实际的、脱离物质世界基础的问题。而这也正是《夸克》的讽刺对象之一。就像是很多人指责托尔金(Tolkien)[2]的世界缺乏任何实质性的政治经济一样,1970年代的科幻电影作品往往采用了同样敷衍了事的态度:对于像劳动的本质,物质生活条件的再生

---

[1] 《星际迷航》是由美国派拉蒙影视制作的经典科幻影视系列,包含6部电视剧、1部动画片、13部电影。自上个世纪60年代问世,是全世界最受欢迎的科幻影视作品系列之一。
[2] J·R·R·托尔金(1892—1973),英国作家,诗人,语言学家。曾任牛津大学英语教授,因创作《魔戒》《霍比特人》而被誉为"现代奇幻文学之父"。

产,或经济组织的模式这样的主题,它们不愿意、也不能够进行更细致的处理。他们的故事不是设定在充满希望的世界里,就是设定在富足的世界里,却无法比这一基本设定走得更远。当银河间的权力和生存斗争是推动情节发展的主要动力时,观看银河大战无可非议。但是,如果回归到属于垃圾的现实世界,许许多多看似惊心动魄的外太空危机就会突然变成浮夸的套路。因此不管怎样一无是处,相比之下,《夸克》团队的作品至少还剩下了一点宝贵的真实感。

每当科幻小说中展现科技进步和星际权力运作时,我们几乎都能看到这种对于垃圾的轻蔑态度。因为这曾是,并仍然是区分科幻世界与我们这个世界的主要方法。在《星际迷航》之《毛球的麻烦》一集("The Trouble with Tribbles")里,当轮机长斯科蒂正在和领航官契科夫中尉喝酒时，克林贡的执行官克莱克斯突然向柯克船长和"进取号"宇宙飞船（*Enterprise*）发起了恶毒的攻击。斯科蒂开始谈论地球人的垃圾，因为地球人总令他联想到勒古兰（Regulan）的血虫。契科夫因此感到沮丧，但斯科蒂令他恢复了平静。克莱克斯进一步补充了斯科蒂的话，他强调柯克船长是唯一一个不会让他想起勒古兰的血虫的地球人，但他立刻对自己的话加上了解释。"血虫，"他补充道："是柔软的，没有形状的，但是柯克船长并不柔软。柯克的真面目可能是一个趾高气昂的，镀了锡的霸道的独裁者。他带着一身具有欺骗性的神性，事实上却绝不柔软。"斯科蒂不慌不忙地劝说契科夫不要为这些辱骂而恼怒，但是接下来，克莱克斯说出了连斯科蒂都无法容忍的话：

克莱克斯：我当然会说柯克船长配得上他的船。我们都热爱"进取号"。我们，我们当然是这样想的。这个生锈的破水桶就是按照垃圾驳船的样子来设计的。大家都知道这件事儿。这就是他们学说克林贡语的原因。

契科夫：斯科蒂先生！

斯科蒂〔对克莱克斯〕：老弟，你不觉得这番话有失妥当吗？

克莱克斯：对，我是该修改一下我的措辞。我不是说"进取号"应该用来搬运垃圾，我的意思是，它应该像垃圾一样被拖走。

就在这时，地狱的大门已经敞开。作为一个年幼的观众，我一直无法理解为什么"垃圾船"会有如此大的冒犯性。直到后来我才渐渐意识到,卫生工作常常是一个被人瞧不起的行业。这当然不是因为卫生工作不重要,而是因为它老老实实地,把我们又带回了原本想要拒绝的垃圾身旁。在拒绝垃圾的过程里,我们也在试图否认、拒绝与之相关的一切。《夸克》讽刺了《星际迷航》及其他作品里虚伪的洁净,像《星际迷航》这样的作品甚至强化了这种观念:关于未来的想象,画面一定是外观光洁、一尘不染、井井有条,这成为文明生存与发展的前提条件。

垃圾作为一条方便好用的修辞,在科幻小说里乃至整个流行文化中发挥了它的功效。清除、控制、隐藏或战胜垃圾场面的能力,是传统的乌托邦科幻小说(尤其是科幻电影)中一个经久不衰的视觉能指和语言符号;与此同时,几乎所有的反乌托邦图景都会和垃圾、污秽、肮脏的人与残骸扯上关系。这种描写政治经济和社会组织的粗暴方式，表明了为什么视觉场景对此后科幻故事的展开如此重要，也令科幻电影和叙事沦于肤浅。完美的未来极权政体，其符号化的标识之一就是将先进的科学技术和感官的"秩序感"，与冷冰冰的不毛之地，洁净的、没有垃圾的视觉景象联系在一起。无论是它的建筑，它的社会规划，日常生活还是传统习俗，都存在着某种非人类的，无情的气息。这必须引起我们的注意，就像是赫伯特·乔治·威尔斯（H. G. Wells）[1]笔下那个无名的时间旅行者不小心跌入的田园诗般的噩梦一样：艾洛伊族（Eloi）在岩石上晒着太阳，却对一个近在咫尺的几乎溺死的族人无动于

---

[1] 赫伯特·乔治·威尔斯（1866—1946），英国科幻小说家，政治家，社会学家。威尔斯的作品对科幻小说创作领域影响深远，开创了如"时间旅行"、"外星人入侵"、"反乌托邦"等20世纪科幻小说主题。代表作为《时间机器》《莫洛博士岛》《星际战争》。

衷——就像是他们收藏古书的图书馆,那些书本还没有来得及被阅读就已经朽坏,最后渐渐变成了无用的灰烬。

塞缪尔·R·德雷尼(Samuel R. Delany)[1]指出了传统科幻小说的视觉叙事往往没有提到几种更有可能发生的未来场景,特别是被他归入更广义的"垃圾之城"("Junk City")的未来世界:

> 毫无疑问的是,"垃圾之城"最初是一种工人阶级在郊区造成的现象。设想一下吧,只剩下半个发动机和一个轮子的汽车,其余的三个轮子都散落在院子里,在

---

[1] 萨缪尔·R·德雷尼,美国科幻小说,文学批评家,曾在宾夕法尼亚州天普大学教授英语与创意写作。其科幻小说创作曾四度获得星云奖,两度获得雨果奖。代表作为《通天塔-17》《帝国之星》,"塔之坍塌三部曲"等。

过去的四年里,它们旁边是一台没有门的冰箱。我儿时对于"垃圾之城"的最初记忆,来自废弃的军用电子元件的纸箱,在坚尼街上两侧的收音机行里,每个只卖两角五分或75分钱。但直到步入高科技时代,"垃圾之城"才正式宣告出现。无论是在家里或附近的街区,都会看到这样来势汹汹的场景:少了一条腿的咖啡桌,靠一摞电子游戏的包装盒支撑着;塞满了五花八门的随身听耳机的抽屉;市中心烧毁的建筑外面,去年标价5000元的电脑部件被摆在街角,等着清洁工(或者其他先到先得的人)来收走。因为那些为了节省房租而来这里打拼的公司,已经用今年速度五倍之快,售价三倍之贵的新款淘汰了它们——在这里,我们所目睹的科技造成的混乱景象,和井然有序的"美丽新世界"完全不同,无论是三十年代初的赫胥黎,还是四十年代末的奥威尔,都无法预测到这样的场面。

对于我们这些在成长过程中,亲眼见过垃圾(自己制造或他人制造的)不断以种种方式堆积起来的人而言,"垃圾之城"是再真实不过的未来景象。在我们的眼里,这与我们垃圾遍布的当下息息相关。"垃圾之城"是贫民窟、市中心的代名词,既是藏身之所,也是边缘地带。所有消费文化的残渣碎片,最终都以二手废弃物的形态终结,构成了一座现成的克罗布桑式贫民窟(Crobuzonic shantytown)[1]。这里令人厌恶,却无处可逃。这正是布鲁斯·斯特

---

[1] "新克罗布桑"(New Crobuzon)是英国奇幻小说家柴纳·米耶维(China Miéville)在其小说中虚构的城市。

林(Bruce Sterling)[1]在《网中之岛》(*Islands in the Net*)中描绘的会说话和行走的垃圾桶,或者是菲利普·K·迪克(Philip K. Dick)[2]在《机器人会梦见电子羊吗?》(*Do Androids Dream of Electric Sheep?*)中创造的"吉卜勒"(kipple)[3]之所以令人过目难忘的原因:它们可以无尽地自我繁衍,直到统治整个地球。在迪克的小说里,一艘向着火星发射的火箭,运载着廉价的平装科幻小说和地球上所有肮脏的"吉卜勒",最终在无人知晓的宇宙深处爆炸。

---

[1] 布鲁斯·斯特林,美国科幻小说家。因编著《镜影:赛博朋克小说选集》而得名,为科幻小说中的赛博朋克(或称数码朋克)运动的奠基人。曾两度获得雨果奖,代表作《网中之岛》获1989年约翰·坎伯纪念奖的最佳科幻小说奖。
[2] 菲利普·K·迪克(1928—1982),美国科幻小说家。作品曾多次被改编成好莱坞电影。代表作为《高堡奇人》《流吧,我的眼泪》等。《机器人会梦见电子羊吗?》改编为电影《银翼杀手》。
[3] "吉卜勒"是迪克在《机器人会梦见电子羊吗?》中的原创概念,指的是一切无用的垃圾,无须通过人类即可自我繁衍,最后会把一切秩序淹没。用作者的话说,"整个宇宙就是在向一个最终的完全的吉卜勒化的状态发展。"

在吉恩·沃尔夫（Gene Wolfe）[1]的《新日之书》（*Book of the New Sun*）里，远未来（far-future）的拷刑吏公会将他们阴郁的驻地修建在一艘改头换面的大型宇宙飞船的肚子里，很久很久以前，一个文明的黄金时代所创造的超凡科技，已经在时间的迷雾中烟消云散。在戴维·福斯特·华莱士（David Foster Wallace's）[2]的《无尽的玩笑》（*Infinite Jest*）里，近未来（near-future）的美国将数量庞大的垃圾发射到了被征用的加拿大土地上，那个地方在书中被称为"伟大的凹槽"。在动漫《飞出个未来》

---

[1] 吉恩·沃尔夫，美国科幻小说及奇幻小说家，曾两度获得星云奖，1996年获得世界奇幻奖终身成就奖。《新日之书》是其最具代表性的小说系列。

[2] 戴维·福斯特·华莱士（1962—2008），美国小说家。写作风格鲜明，其创作推动了美国文学的发展。代表作为长篇小说《无尽的玩笑》《系统的扫帚》等。

(*Futurama*)[1]里,垃圾则被发射到了宇宙里。而在电影《蠢蛋进化论》(*Idiocracy*)[2]中,随着社会懒洋洋地迈向愚蠢的消费主义至上的末日大决战,未来的美国正在成堆的垃圾中溺亡。在迪士尼出品的《机器人瓦力》(*Wall-E*)[3]里,地球公民把垃圾留在身后,得意忘形地向宇宙逃离。地球上留下的一座座破烂堆成的山脉,正是人类贪得无厌的欲望的杰作。这些形形色色的例子表明,随着"垃圾之城"作为我们时代一个主导性形象发出的强有力的共鸣,我们有必要重新思考乌托邦或恶托邦未来

---

[1] 美国喜剧漫画及动画片《飞出个未来》,于1999—2003年在美国福克斯电视台首播,曾获艾美奖。
[2] 美国科幻电影《蠢蛋进化论》(2004)由迈克·乔吉导演,讲述了一个平庸之辈在"人类冬眠计划"中的遭遇。
[3] 美国动画电影《机器人瓦力》(2008)由皮克斯动画工作室制作,迪士尼电影公司发行,安德鲁·斯坦顿导演。电影讲述了地球上最后一个清扫型机器人瓦力与机器人伊娃在未来的太空历险故事。曾获得第81届奥斯卡最佳动画长片奖。

中人类与垃圾的关系。

今非昔比，垃圾和它的影响力已经成为了探索未来的热点，不但超越了 1970 年代糟糕的科幻电视剧中的表现，也不再仅仅是黄金时代科幻小说的一个组成部分而已。垃圾成为了一个有效的媒介，科幻小说可以通过它去尝试解决人类欲望中的种种矛盾：比如超越时间，空间和道德带来的不可化约的混乱，又比如超越人类被新的科技乌托邦淘汰的恐惧。德雷尼的作品，阿方索·卡隆（Alfonso Cuarón）导演的电影《地心引力》（*Gravity*）[1]，幸村诚（Makoto Yukimura）的系列漫画《星空清理者》（*Planetes*）[2]，尼尔·布洛姆坎普（Neill Blomkamp）导演的电

---

1 美国科幻电影《地心引力》（2013），由乔治·克鲁尼，桑德拉·布洛克主演。获第 86 届最佳导演、最佳摄影等七项大奖。
2 漫画《星空清理者》（又译作《星空之旅》《惑星奇航》）由日本漫画家幸村诚创作，于 1999 年至 2004 年在日本《morning》周刊连载。曾获得 2002 年星云奖。

影《第九区》(*District 9*)[1]，还有许多别的地方，科幻类型作品仍在孜孜不倦地探索着未来的限度。而垃圾及其对人类、后人类的影响，在其中一直发挥着有效的平衡作用。在这些作品中，我们这个时代，以及后世的技术统治、政治及社会问题显然都已得到了"解决"，但仅仅是一种清道夫把垃圾扫进排水沟的"解决"方式——这种濒临边缘的状态，随时都有可能让人类文明重新回到失序与混乱之中。爆炸了的人造卫星，生锈的旧空间站的残骸，在死寂的宇宙中以几千英里的时速翻滚的螺母螺钉：所有的这一切，打破了宇宙的单调沉闷。这个世界存在的意义，不仅仅是为了清除人类垃圾，也是为了清除人类自己。将先进的科

---

[1] 美国科幻电影《第九区》(2008)，由索尼公司出品，沙尔托·科普雷，詹森·库伯主演。

学、技术或文明发展、未来的历史和垃圾这样的东西联系在一起,这个引人入胜的策略的确说明,即使是最为理想化的愿景,也要对人类不可靠的本性保持怀疑。不管想象的文明有多么先进,我们还是常常需要通过人类造成的混乱、恼人的不可化约的复杂性来透视人性。看起来,我们仍然和那些象征人性的头皮屑、胃胀气捆绑在一起——即便当我们已经逃离了太阳系,斩断了基因,发展出了人工智能和光速宇宙飞船,甚至最终实现了宇宙殖民。肮脏不洁的垃圾和废弃物,在卡隆、菲利普·K·迪克、幸村诚以及无数人的笔下展现着自己的威力,顽固地抵抗着先进社会试图带领我们实现的未来秩序。这些想象的世界,一再向我们指明一个未来的时间点(或许还很遥远,或许就是明天),如果我们不小心一点的话,到时候人类自身可能成为这个世界里惹人讨厌的累

一个数理地理学班,正在讲授地球绕太阳公转的知识,弗吉尼亚州汉普顿学院

赘，而长久围困着这个世界的淤泥和碎片，都是人类肮脏的、无效率的产物。也许驱使着我们奔向星辰大海的，不仅是野心与好奇，还有与之等量齐观的，对于亲手制造的脏乱现实的恐慌。

一片看似渺小的太空碎片的冒险之旅，可以看做是人造垃圾造成的"永恒轮回"（eternal return）之威胁的文学化表达。这种作茧自缚的危险，在太空轨道中远比在地球上大得多。太空的力量，能够令任何小得不起眼的东西变成足以引起大灾难的武器。其力量惊人，而且下手毫不留情。如果这个时代教会了我们什么，那就是在这里，在地球上，我们随手扔掉的任何东西，会一次又一次地返回到我们身边，而且常常带着复仇之心。蒂莫西·莫顿将我们的地球描绘成一个"超客体"（hyperobject），它迫使我们去反思过去以来对于"人与物"的边

界的旧观念,或者是"物与物"内部的界限:

> 有些时候,我们或许会认为,厕所的U型弯管是实体空间中一个非常便利的设计。它可以将我们扔进去的任何东西冲走,送到一个截然不同的被称为"别处"(*Away*)的地方,让一切恢复干净洁白。现在我们的知识增长了:垃圾都流向了太平洋或是其他的污水处理设备,而不是什么叫做"别处"的秘境。关于"超客体"地球和生物圈的知识,向我们展现了地球是如何充满黏性,没有任何东西可以从它的表面被强行剥除。在地球的表层,并不存在任何的"别处",无论在哪里都不存在。

按照蒂莫西·莫顿的说法,再也没有什么

值得相信的"别处"存在了。一旦幻想被揭穿，太空垃圾就会令这个无尽的循环变得格外生动。在不远的将来，我们无须离开地球的表面就能够证明这个循环有多么真实，或结果如何重大。就如同全球气候变暖的后果日益显著一样，我们曾经认为微不足道的东西，以及它们微不足道的影响，总有一天会积少成多，变成灾难，回到我们身边。在过去，能够对地球构成威胁的噩梦，仅仅来自于外太空可怕的轨道；而在今天，我们正在承受着"千里之堤毁于蚁穴"的脆弱和恐惧。

第四章

百万年恐慌

面对沙漠的时候,常常会对时间产生一种从别处无法获得的芜杂的感受。在索菲亚·菲尼斯(Sophie Fiennes)的电影《变态者意识形态指南》(*The Pervert's Guide to Ideology*)[1]里,摄影机久久徘徊在庞大的、枯槁的飞机残骸边,直到飞机在莫哈维沙漠(Mojave Desert)的烈日枯晒之下被渐渐湮没。与此同时,斯拉

---

[1] 电影《变态者意识形态指南》(2012),由索菲亚·菲尼斯执导,斯拉沃热·齐泽克担任编剧及主演。

沃热·齐泽克（Slavoj Žižek）[1]在画外音里解释道，为了更好地理解当代社会面临的危机，观看垃圾成为了一项必要的举措。众所周知，这片沙漠正是他们填埋垃圾的地方：告密者的尸体、NSA（美国国家安全局）的情报收集中心、半空的"大师规划社区"。自19至20世纪，当地居民被强制迁移以后，这片位于美国大陆西南边的大沙漠就变成了布满核试验场和有毒废料堆的地方。但是随着生活成本不断提高，这片沙漠也逐步遭到来自郊区扩张的侵蚀——人们纷纷逃离沿海地区和城市中心，因为已经无法承担或继续忍受那里的生活。

---

[1] 斯拉沃热·齐泽克，斯洛文尼亚哲学家，社会学家，文学批评家。为当代西方最著名的左翼知识分子之一，拉康精神分析学者。代表作为《意识形态的崇高客体》《视差之见》等。

骑在马背上的"深空"酋长

054 　　终有一日,我们的堤坝会崩塌,城市中坚固的塔楼、堡垒和历史档案会支离破碎。我们使用的语言会消失,古老的书籍和智慧都会在时间的熔炉中化为灰烬。人之所以为人的要义会被彻底改写,变得模糊不清。沙滩和海岸线的形状也终有一日难以辨认。我们以为亘古不变的社会、政治和经济结构也会变成别的样子。时间的迷雾会吞没一切我们曾拥有的思想、知识与成就。而当这一切成为往事,我们曾经因为核武器试验而留下的壮观的废弃山

055 体,会成为最后最后的结局:那些致命的同位素会在沙漠中慢慢衰变,其耗时之长,远非人类所能经验。仅仅是在一千年以后——虽然这距离核废料的衰变还有好几千年——我们头顶的苍穹也会斗转星移,就如同沙滩被重重潮汐改头换面一样。曾经组成了大熊星座背脊的北斗七星,它的勺子柄的弯度会明显变平。小北

斗星则会变得再也不像是个勺子,它的底部会远远高于原来的头顶。金牛座一只眼睛会离开它的身体,而蜿蜒的天龙座会再次经历数独扭曲,反噬其尾。猎户座的星群会解散,猎户的盾牌会如同绽放的花朵一样崩裂。在遥远的未来,观星者们将不得不弃用这些过时的名字,曾由我们命名的夜空也会被新的名字所取代。

当你不得不去思考天上的星斗在几十年后会变成什么样子,就再也无法否认一个事实:人类已经成为了垃圾的手下败将。没有任何一种已知的人造物,而且很可能没有任何人(无论这个词在未来意味着什么),存活的时间能与我们的核废料相提并论。我们的差距如此之大,甚至于将这些不受欢迎的东西称为"垃圾"都是没有意义的。因为"垃圾"这个词之所以有意义的前提是,我们能够确切地理解丢弃物和丢弃者之间的关系。但在核废料面前,这种意义已经不攻自破。我们和我们的子孙后代将会和垃圾,以及所有尚未成为垃圾的东西生活在一起。这些今天被我们永久封存的放射性的庞然大物,终有一天会和我们调换位置:在人类构想的混沌的世界末日中,仿佛是它们抛弃了我们,而不是相反。曾经身为垃圾制造者的我们,变成了被时间制造的垃圾,而顽强弥久的钚[1],则摇身一变成为世界的主人。到那时候,我们的生命、身体与思想,连同我们曾经渴望的、弃置的东西,都会成为游魂,成为漂流在海上的谜团。在很久以后的将来,不知道会是谁——无论是幸存的人或机器——在狭长、纷乱的历史沙滩上将它们捡起,并对它

---

[1] 钚(Pu),94 号元素,放射性元素,可作为核燃料和核武器的裂变剂,和下文提到的铀元素一样,都是核工业的重要原料。

核科学家的办公室，极光脉冲辐射模拟器，马里兰州阿德尔菲美国陆军研究室

们的来历充满好奇。不管我们的核废料将会变成什么样,它们以及它们身上磨损的警告标记——警告未来的文明远离这一危险物——都会成为一座陵墓,一首献给人类纪(Anthropocene)[1]的安魂曲。

正如约翰·达伽塔(John D'Agata)和萨拉·张(Sarah Zhang)等人所记载的,"废物隔离中间厂"(WIPP)[2]是一个位于新墨西哥州东南部特拉华盆地的高放地质处置库(deep geological repository)。这里离卡尔斯巴德洞穴

---

[1] "人类纪"是一个由西方科学家提出的地质学概念,旨在强调人类已经成为影响全球地形和地球演变的地质力量。人类对自然全球过程带来的与日俱增的影响是提出"人类纪"的主要依据。诸如对土地的占用,环境的破坏,生物大规模灭绝,甚至是新元素的创造等等,都包括在此类影响之中。
[2] "废物隔离中间厂"(Waste Isolation Pilot Plant),简称 WIPP,位于美国,是世界第三大高放废物地质处置库,也是目前唯一一个进行了核废料填埋的地质处置库。但在 2014 年发生了一次化学泄露事件。所谓高放地质废物处置库,即以深层填埋的方式处置核废料等放射性垃圾,是目前普遍认为较为安全和稳定的核废料处理方式。

(Carlsbad Caverns)¹ 不远,一万四千至一万两千年前,生活在此地的人留下了象形文字和烹饪遗迹,今天已经被损毁,几近绝迹。在变成太空垃圾之前,绕着地球运转的运输司令部(TRANSCOM)² 辖下卫星的使命,是负责监控人们运输库存惊人、极其危险的超铀废弃物(transuranic waste)的一举一动。这些废弃物非常不稳定,衰变的过程伴随着持续的放射性污染;它们被计划投入湖底,埋在比海平面更低的巨大盐穴中。在1992年,一个大规模的土地回收项目向公众关闭了16平方英里的土地,从此这个区域严禁入内。那次行动被乐观地命名为"需求保障"("Assurance Requirements"),计划在那里建造处理、安置核废料的设施。

---

1 卡尔斯巴德洞穴为美洲第三大洞穴,位于美国新墨西哥州东南部的瓜达卢佩山脉,现为美国国家公园。
2 运输司令部隶属美国国防部,是国防部辖下九个指挥部门之一。

但这个乐观的名字并不能掩饰任务的现实艰巨：即使只是在未来的几千年里，这一项目的实施依然充满了不确定性；与此同时人们又心怀幻想，力图建立一套基于"被动性制度化管控"（passive institutional controls）的可靠的警示标识——这些标识是为了阻止潜在的闯入者，以及减少接下来的几千年里可能发生的闯入事故概率——并为此产生过激烈的论辩、协商和设计。但是正如在《关于一座山》（About a Mountain）[1]中那个核废料顾问对达伽塔所说的，"废料的致命性可以在未来持续几千万年"。这样的声音提醒着我们，WIPP所付出的艰苦努力是多么古怪，又是多么令人害怕。

掌握了这些触目惊心的时间线后，人们无

---

[1]《关于一座山》，约翰·达伽塔著，2011年由纽约诺顿出版社出版。作者在书中围绕美国联邦政府在尤卡山颇具争议的核废料处理计划展开了调查与思考。

须阅读长达351页的《对于防止误闯WIPP的警告标识的专家意见书》（但请务必一读！）就能够明白：将放射性的垃圾埋在地下，并建立起完善的能维持几千年的警示系统是一件多么异想天开的任务。这个项目的目标是用语言、星空图、表情图片、精心设计的标识、土方工程，还有其他更多的办法——就像受过良好教育的纯白种人作者说的那样——"绕开不可控的文化变迁因素"。这个几乎全部由男性构成的专家组将此作为一项挑战。他们的提案中包含一系列去中心的，令人不适的设计，设计回避正常的理念，倾向于"不规则的几何图型，拒绝使用精细工艺"：遍布荆棘的地表、布满尖刺的铁栅栏、石制的桩砦、险峻的土木工事、深坑、瓦砾遍地、阴森可怖的障碍物。几个世纪以后，无所事事、到处游荡的人在此地会消失吗？只要未来存在，就一定会有无所事事、到处游荡的人。就我个人而言,遍地瓦砾或是洒满钉子的场地听起来就非常令人惊讶;不难想象未来的人们(如果他们和我们还有一点点相似的话)会如何被这样的建筑迷惑,无法抗拒它的吸引。在这份关于 WIPP 的冗长档案的最后,是一封卡尔·萨根(Carl Sagan)[1]写给专家小组的回信。他首先向专家组致以谢意,感谢他们能够邀请他为这个未来的"垃圾标识"项目建言献策("假设到时候这些废料还没有渗透出来",他挖苦地补充道)。萨根认为"骷髅图形"(由骷髅头骨和两根大腿骨交叉组成)可能是唯一理想的、准确无误的标识,因为只有这个图形有可能流传下去,在时间的演变中不造成任何的误解与歧义。虽然后来萨根又相

---

[1] 卡尔·萨根(1934—1996),美国天文学家,天体物理学者,科幻作家。因为在科普创作及科学传播领域的贡献而知名。

继提议了元素周期表、各大语言、北斗七星将来可能的模样等等作为标识的组成元素,但是最终万变不离其宗地依然是骷髅图形,作为人类最后的希望,只有它能够抵御未来数个世纪的沧海桑田。

萨根与一小部分专家成员都有一个悲观的预感,这个项目似乎注定是要失败的。目前盐层发生的盐水渗漏已经可以对滤毒器造成腐蚀,污水也总能找到办法入侵供养佩科斯河(Pecos River)的罗斯特勒蓄水层(Rustler Aquifer)。在这个系统规划还处于初步调研阶段时,当地就发生了一次地震,渗漏现象已经出现。2014年的情人节这天发生了一起辐射污水渗漏事故,受到污染的地区超过了方圆1.5英里。13名员工(渗漏事故发生时,他们之中没有人在地下)在放射检验中身体反应呈现阳性。鉴于这个项目从一开始就存在种种非

060 常明显的基本问题,扬言要绕过一切不可预知的文化变迁并为将来未雨绸缪的论调,听起来多少有种帝国式的盲目与自大。这种自大曾经导致了当初一系列制造核废料的行径:一群人统治另一群人。这连篇累牍的繁琐的"专家意见",读起来更像是一出闹剧,它活生生地暴露出我们对于未来的无能为力,无法理解即使是最为基本的事物:关于技术的"去进化"进程(de-evolution),回归一个不那么发达的科技时代;关于戏剧性的沙漠化和全球气候变化的灾难后果;关于我们无法想象的政治、经济、社会和文化的变迁;不知道哪个国家会主宰未来的世界,甚至国家这种形态在将来是否存在都是未知数;相比于现在有血有肉的生活,我们的子孙后代会是怎样的情形;或是一个更黯淡的问题——将来地球上是否还有人类存在?因此,在关于核废料问题的整个运作架构中,最扣人心弦的,是围绕着核废料所产生的令人眼花缭乱的一整套修辞。这些垃圾文件的行文语气本是为了树立权威性,却处处充满了迟疑、限定语、警示,以及潜藏在脚注里的微小恐惧。每一个试图树立什么或遏制什么的意见看起来都那么不可取,那么枯燥而没有效力。城堡,电话亭,平台,花岗岩的石柱,时间囊……人类亲手发明、打造、遗弃的建筑物空空荡荡——这是一幅后现代废墟的景观,就仿佛是直接从 J.G·巴拉德(J. G. Ballard)[1] 的灰暗的,风雨飘零的画面里撕下来的一角。

专家们否决了将核废料填埋在永久冻土中的建议(事实证明这冻土其实一点也不"永久"),同时相信行之有效的解决方案一定是精

---

[1] J.G·巴拉德(1930—2009),英国小说家,散文家。被认为是世界末日小说大师,代表作《撞车》和《太阳帝国》均已被拍成电影。

在发射控制室中的发电机,维修工人偶,"奥斯卡"O-1型民兵导弹警报设施,密苏里州诺布诺斯特

心策划的。WIPP卷宗中充斥着的推测与幻想的记录，证明的只是一种我们所谓"选择性的未来"（selective futurity）。我们在尝试解决的不是自动化或后工作社会（post-work society）的问题，不是长期以来的全球变暖的危机，也不是成百上千类似的问题，我们声称，我们将永远致力于为这种最具毁灭性的废弃物提供安全防护。这似乎是更大的人类与人类制造的废弃物之间庞杂关系的一部分。我们和一切种类的废弃物的关系，尤其是和这最致命的一种，似乎常常建立在一种权力的幻想上：相信人类理应驾驭万物，垃圾或废弃物也不例外。我们坚信我们会是一切意义的传递者，并不相信死后不可见的毁灭。对于人类的欲望可以毁灭、超越或主宰时空的信念，WIPP和它的"标识项目"是一个绝佳的例子。如果一枚油漆碎片、一颗零碎的螺栓就能破坏一艘太空飞船，那么埋在地下的容器或者是沙漠中的破碎面板又会发挥怎样的破坏作用？WIPP证明的是对帝国的永恒梦想以及自恃霸权可以延续千秋万代；面对乱糟糟的历史，极度渴望依赖专家治国和技术解决方案；对于标识和建筑奇观的稳定性有着持久的乐观；对于安全、边界乃至警察的痴迷；也证明了帝国的想象力又是如此贫乏，只会简单粗暴地使用歼灭性的武器，而丝毫没有为后顾之忧预先做任何技术准备。

正如"更新世之友"组织（Friends of the Pleistocene）[1]曾指出的，人类的历史已经迈入一个新的时期，我们制造着难题，却无法提供

---

[1] "更新世之友"，简称FOP，起源于1934年由理查德·弗林特及其同事在康涅狄格和新罕布什尔州对更新世晚期的冰川湖所进行的田野调查，弗林特也因此被称为该组织之父。"更新世之友"这一组织于1939年正式成立，一年一度的田野调查延续至今。该组织结构松散，没有任何正式法规，向任何对第四纪科学感兴趣的研究者开放，每年田野调查的参与者都会成为新的组织成员。

与之配套的解决方案。而且人们越来越清楚地认识到,垃圾将会承担起记录两者间的鸿沟的特殊使命。他们的"牢固的篱笆"("Hedging on Stability")丛书,记录下了福岛核电站泄漏事故后,日本为了阻隔辐射性的污水而付出的巨大努力。他们说,

"一切就好像是我们携手进入了一个新的阶段,在这里,人类必须在行动的速度、规模和复杂程度上更具有创造力和创新力,这是前所未有的挑战——不幸的是,这些创新和规划的目的并不是为了提高人类的生活质量,而是为了控制灾难和规避风险。为了支援诸如改善气候或环境的事业,人类的生命、精力(以及经济发展)都会因为未知的将来而发生改变。"

作为最强有力的实物标识,核废料的存在提醒着我们,人类已经身处一个不断制造难题又无法解决的历史阶段。或者换句话说,我们针对特定问题的解决方案,正在不断制造新的、更为棘手的难题。有的人也许会说,这就是人类的境况。若是如此,那么我们也是正在致力于将这一困境强加给我们的后代。因为无法创造一个没有杀伤性武器和暴力的世界,我们只能把希望寄托在建立一个远离核废料垃圾山的、免于危险的世界。这就是我们未来努力的方向:无数丢不掉的垃圾,危险的残余物,我们的现代生活排放出来的副产品。反思核废料和WIPP的计划,正是在反思一个由垃圾代替人类发声的世界。这是一条通往人类失败的想象之路——就好比是在说:我们这里有一条给未来的留言,留言的内容,正是大写的"死亡"。

OBJECT
LESSONS

海边的第一型防空碉堡，朝海的珊瑚海路，夏威夷伊娃海滩

这个世界已经无可救药了。我们最近见证了一场荒诞的狂欢事件：在新墨西哥州沙漠发掘出了几万份滞销的雅达利公司（Atari）生产的《E. T. 外星人》游戏卡带[1]。根据一则都市流言，数十年前它们就已经被偷偷掩埋在了那里。

就在那时，一台德罗宁跑车（DeLorean）[2]停了下来，卷起一阵尘土。小说《玩家一号》（*Ready Player One*）（那本小说是关

---

1 雅达利公司是上个世纪美国最大的游戏生产公司。1982年，雅达利母公司华纳买下大获成功的电影《E. T. 外星人》版权，仅用6周时间完成同名游戏的制作。这款粗制滥造的游戏遭到了玩家的抵制，造成几百万份的游戏卡带滞销，最终同其他一些卖不出的存货一同被秘密埋进了新墨西哥州的阿拉莫戈多垃圾填埋场。此事件不仅给雅达利公司带来了重大打击，并直接导致了北美游戏市场的崩盘，史称"雅达利大崩溃"。在2014年重新开掘之前，"雅达利填埋游戏卡带"一直是一则未经证实的流言。
2 德罗宁跑车是电影《回到未来》中的时光车。

于一个迷恋 80 年代流行文化的荒诞的未来世界）的作者厄尼·克莱因（Ernie Cline）从车里爬了出来。这台德罗宁车装备着一个模拟的不稳定电容器，他从车里拉出了一个美泰牌悬浮滑板和一张传单，上面写着："拯救钟楼！"克莱因不是从 1985 年来的，而是从乔治·R·R·马丁位于圣达菲的家中来到这里的；《权力的游戏》的作者曾经为了一场《回到未来》的私人放映会而借走了这台德罗宁。作为一个知名的 80 年代事物鉴定专家，克莱因被请到这里，在摄影机前滔滔不绝地讨论从现场挖掘出来的所有"老古董"。他没有从德罗宁里抽出武器，没有分发他的《玩家一号》，也没有邀请粉丝去参加当晚由他组织的一场在一个有着微型竞赛汽车和迷你高尔夫的游戏机厅里的派对。

如果说某一个年龄段的成人会对消逝的童年玩具心怀渴望,那么雅达利的填埋场,则正凝结了"X世代"(Gen X)[1]步入中年后的怀旧情结和游戏玩家文化,还有日常生活留下的深刻烙印。对这一特定的群体而言,雅达利游戏公司和《E. T. 外星人》与他们的童年记忆水乳相融。1980年代的电子游戏制造商往往会用极低的价格,向市场抛售过剩的游戏卡带,但是《E. T. 外星人》的表现实在是太糟糕了,以至于雅达利公司不得不将这些积压的库存运到沙漠,偷偷掩埋——从那时起,一直到2014

---

[1] "X世代"是社会学、人口学与大众文化研究使用的代际命名范畴,因为1991年作家道格拉斯·柯普兰的《X世代:速成文化的故事》而广为流行。"X世代"源自于Excluding的字母X,一般写作eXcluding,有着"被排挤的世代"的寓意。X世代的出生时间一说为50年代后期到60年代,一说为1965年至1976年。本书作者使用X世代指称在1980年代度过童年的一代美国人。

年重见天日,几十年来,这段都市传说一直在流传。

雅达利垃圾填埋场可谓融合了 80 年代怀旧的形式与内容,这就多多少少可以解释围绕这个传说以及最近的出土事件而持续发酵的兴奋与夸大其词。它非常恰切地,将这则传说多年来夹杂着可疑细节的神秘性,与许许多多 1980 年代美国流行文化试金石扭结在了一起。《七宝奇谋》(*Goonies*)《回到未来》(*Back to the Future*)《夺宝奇兵》(*Raiders of the Lost Ark*)等一系列风靡 1980 年代的电影,其情节都根植于一种相似的痴迷:渴望挖掘出过去的法宝和遗迹,或者是通过考古令曾经久埋在地下的秘密与奇迹重见天日。雅达利的挖掘行动,某种程度上只是关涉流行文化对于都市传奇的痴迷,进而翻找出它自己的时代、空间、古董,最后建立起一个真实的世界,将 1980

年代儿童痴迷的故事展现给世人。挖掘历史的风险和回报是那个时代电影创作的主导动机：比如寻找约柜（《夺宝奇兵》）、独眼龙海盗威利的宝藏（《七宝奇谋》），或者是改变过去的力量（《回到未来》）。在《E.T. 外星人》中，史蒂芬·斯皮尔伯格（Steven Spielberg）[1]是所有这些电影的幕后推手。就如同公认的游戏巨擘雅达利公司，或者是同样成功的电影《E.T. 外星人》一样，斯皮尔伯格引领了这个风靡1980年代的观念，就算说它是1980年代的美国儿童心里的守护神也不为过。他的作品，一而再再而三地回到挖掘和（再）发现的场景中。他不知疲惫地渴望着一个天真烂漫的

---

[1] 史蒂芬·斯皮尔伯格，当代美国著名导演。曾多次获得奥斯卡最佳导演、最佳影片奖。代表作品包括《大白鲨》《E.T. 外星人》《侏罗纪公园》《辛德勒的名单》《拯救大兵瑞恩》等。科幻家庭电影《E.T. 外星人》（1982）讲述了地球小男孩和外星人纯真的友情故事，在1980年代大获成功。

圣诞节前夕 R·H·梅西百货公司玩具部的展品,纽约市

黄金时代，寻找着返老还童的可能性，童年的欢声笑语和单纯的快乐，这些都决定了他观看往事的眼光。因此从本质上说，雅达利的挖掘行动，正是在现实中上演了一出糟糕的斯氏电影。

这些被丢弃的雅达利游戏卡带之所以吸引我们，其实是因为童年的物什对我们有着吸引力——尤其是我们儿时的流行文化：漫画、卡通片、玩具、卡片、游戏。怀旧的形式不仅仅关乎重返记忆深处的生命早期，或者仅仅是标记时间流逝的节点，而是更大的文化迷恋情结（这正是斯皮尔伯格所示范和所擅长的）：失落的童年图腾的复活，以及它们对于人为设置的代际凝聚的感召力。因为无论是雅达利公司、《E. T. 外星人》还是斯皮尔伯格创造的世界，都属于 1980 年代长大的一代人的通用语言；雅达利大挖掘所折射出的对于集体身份认同的诉求，提示着我们进一步思考集体文化的幻梦问题。这不仅关涉一代人对于童年玩物的集体迷恋，也揭示出人到中年后的普遍困窘：要跟上新千年日新月异的世界已经变得越来越难。"极客"（Geekdom）和流行文化素养真的开始变成一种艺术形态，让我们得以好好审视玩着电子游戏、看着斯氏电影长大的年轻人，以及我们自身对于不断更新、混杂的怀旧文化的需求。辗转于游戏、卡通片、电影、漫画书和其他流行文化碎片中的世界，我们的自我观念也受到了极大的影响——进而解释了，为什么雅达利的挖掘行动看起来远比其他的都市传奇要更迷人，更令人心驰神往。

在这种类型的怀旧之下，潜藏着一种对于"停滞不前"的渴望，对特定物品的喜爱之情的传承是如此稳定，而我们明明知道这些东西一般难以持久。时间将我们心爱的游戏，电影和童年记忆按照不同的品种归类。一种护身符般的、图腾般的力量被加诸我们身上。雅达利的挖掘行动提醒我们，我们把怀旧的需求，诚恳地投放在了流行文化的时间碎片身上——对很多人来说，相册、电影、游戏卡带、玩具都是一个时代不可分割的部分。像雅达利挖掘这样的新闻激活了它们的意义，继而在当下实现了病毒式传播，因为这正是我们集体记忆的核心。人们怀旧的共同语调——这些人一方面已经老得足以和他的朋友们一起踏上怀旧之旅，另一方又仍然足够年轻，让他们仍然愿意参与这次和朋友们一起的怀旧之旅——至少是这个热情洋溢、甜蜜美好的童年世界的一部分。我们倾心于一切曾经埋在地下的东西，却忘记了，或是丝毫没有觉察到这是一个规训的过程。我们其实是被引导着体验了某种集体的怀旧，记忆和心意也在这个过程中被商业化了。

糖果和汽水,电视节目,电影和音乐,玩具,和它们现代的子孙后代,不可或缺的博客、名人和社会网络平台;新的通讯技术;app应用、表情包以及GIF动图。既然群体生活已经不可避免地入侵了我们的日常生活,它们也会以同样的方式渗透人们的记忆,欲望和品性。生命,以及对生命的思考,已经越来越难以独立存在于集体认同和视野之外。即便我们和他们的关系是次要的、讽刺的或违法的,它们仍然在这个不断扩张的过程中发挥作用。就这个角度而言,雅达利的挖掘行动其实更接近于现代生活的集体生产,而不是传统意义的挖掘。它关涉炒作机制、群众、阴谋、品牌化,但同样折叠为一种过去式,而不是未来式;是老的,而不是新的。当我们在排队购买最新款的iPhone手机时,我们不仅仅是在一个不断提速的年代追逐时髦,同时也是在时间的流逝中寻找自己的位置：被设计好了的消费周期，无法把握住的一切。我们能确切地感觉到，就在消费发生的瞬间，它同时也已成为历史。

第五章

毁灭论

有一种诱惑是我们应该抵抗的：只在能看见垃圾的地方注意到垃圾的存在。事实上垃圾无处不在，仅仅是在时空中的散布不那么均匀罢了。这并不是要我们用忧郁的、偏激的眼光，在完好的新事物中提前看到它们将来变成垃圾的样子，而是要认识到这些东西已经是储存各种垃圾的地方了。垃圾只是被藏了起来，尤其是当我们还在用一种对于垃圾的狭隘眼光四处打量之时。就好比人的记忆往往处于集体意识的影响之下，我们接受的训练，令我们只会在垃圾桶、排水沟和海岸边，或在树丛里，或在幽暗的地下道里寻找垃圾的身影。这是我们习得的关于什么叫做"垃圾"的教育。但违反常理的、隐蔽的垃圾"场所"其实同样存在。在某些稍加留心的时刻，垃圾不仅仅代表着一堆渣滓的集合；我们同样可以用"垃圾景观"（trashscapes）来称呼第五大道、购物中心和光鲜亮丽的零售商店。对我来说，垃圾废品所构成的极其混乱的景象，并不存在于垃圾箱或排水沟里，而恰恰在于"干净"的家中——它们反复出现在电影、电视剧和广告中——这已经成为人类与垃圾关系的理想图景。作为一种理想，当代消费社会的光鲜表象给我们带来的困扰，和诸如"发臭的垃圾堆"或"肮脏的小屋"这样的刻板想象给我们带来的一样多。而它们几乎从未提醒人们，当代的消费文化审美，其实是多么普遍地与"清洁"与"污染"这样古老的观念纠缠在一起。这一切，统统都

不对称布局房屋，45度角斜对着大街，岗山住宅工程，加利福尼亚州洛米塔

建立在一种难以长久的清洁、幸福的幻景之上。

073　　纪录片《黑权运动呐声集：1967—1975》[1]中有一个镜头，记录了大巴车上一群参加"贫民窟观光"（ghetto tour）的游客。这是一趟专为好奇大胆的游客打造的游览脏乱差的城市边缘的旅程。"贫民窟观光"的点子征用了"垃圾"这个概念，干脆将它放在了肮脏而穷困的城镇一角——贫穷可怜的劳工为了生存，不得不在这里聚集。但我想指出的是，"贫民窟观光"与"有毒旅行"（toxic tour）并没有什么不同：后者引领游客们参观被毁坏的社区，是一个表面上看起来很前卫的理念。菲德拉·佩

---

[1]《黑权运动呐声集：1967—1975》（The Black Power Mixtape 1967 - 1975）于 2011 年上映，是一部由瑞典与美国联合制作的关于 1960 年代末、1970 年代初美国黑人运动的纪录片。原著中影片名年代部分标示为"1968—1975"，有误，特此更正。

佐罗（Phaedra Pezzullo）[1]将参观有毒场所的旅行描述为一种否定性的游览行为，一种培养环保意识的手段。这种同样被称为"灾害观光"（"disaster tourism"）的产业有着非常明确的意图，那就是将一个地方的衰败以更生动的方式向外来者呈现。但是，虽然带来了截然不同的情感效果，"灾害观光"和"贫民窟观光"其实是同一件事情的两面。一方面，我们想要调查这些模样非常不浪漫的垃圾造成的破坏。它们借由失业、贫穷、管控过当和中产化的慢性暴力，渐渐摧毁了人们的日常生活。另一方面，在快速游览这些人类资本的废弃空间，这些丑陋的、完全不同于人们熟知的魅力大都会

---

[1] 菲德拉·佩佐罗，美国传播学者，现任教于科罗拉多大学波尔得分校。研究领域涉及环境传播学、有毒污染研究、传媒与公众利益、旅游研究等等，著有《污染、旅行和环境正义的有毒旅行修辞》等。

的另类空间时,我们也想要加入一点不切实际的人类学研究。有毒旅行可能看起来不那么惹人讨厌,因为我们可以想象人们报名参观有毒废物堆场污染清除基金项目列表中的污染地点(Superfund sites),或者是"癌症之巷"(cancer alleys)[1],或者是石油化工垃圾景观。参加有毒旅行的人能对这些被破坏的地方获得多一些了解,相比之下,那些在贫民区走马观花的游客则不能做到。但是,从二者所提供的特定的空间关系来看,它们的功能其实是一样的。当我们若无其事地观赏着美国大都市不光彩的角落时,我们或者是想看看它们有多坚固,有多真实;又或者是想通过观看那些烟囱、操场旁边污水塘、垃圾

---

[1] "癌症之巷"位于美国路易斯安纳州的密西西比河流域,指的是巴吞鲁日和新奥尔良之间的一个区域。该地区存在大量的石化工厂,并与当地居民异常高的癌症发病率之间存在关联,在被媒体曝光后获得了"癌症之巷"的绰号。

堆的恐怖景象，激励我们行动起来。无论是哪种情况，我们都舒舒服服地保持了置身事外的姿态，若非如此，这样的观光行为就变得毫无意义了。正是这种糅合了偷窥、景观和感知差异的前提，将种种独特的现象连结在一起，并开拓了更多的反思空间。人们一旦和自己讲述的悲惨故事保持了舒适的距离，以这种方式解读垃圾景观，也就会变得容易起来。如果政治经济最终总是在空间关系中现形，那么旁观者和观光客对于工业丛林内部腐烂的认知，就至少是有限的，外在的。在凝视外物的时候，人们必须确保自己不被对象所吞没，否则的话，这些景观的美学魅力将会消失殆尽——不管是出于促狭的色欲，还是出于慷慨的同情。贫穷和欲望都是从压迫结构（structures of oppression）中诞生的概念；而处所（place）的存在，仅仅是为了让局外人更容易看清其中的部分特征而已。

今天这种现象被我们称为"底特律主义"（Detroitism），或者更多时候是"废墟色情"（ruin porn）：这些关于破败的城市、空洞的工业中心、废弃的小路以及前全球化时代的经济遗骸的图像库不断扩散，对人们产生了强烈的吸引力。在这个意义上，"废墟色情"是一个既耸动，又携带着丰富信息量的字眼。众所周知，我们现在正处在一个非常特殊的全球化时刻，每一个发声平台都感到自己必须对这一现象发表看法。一个仓促的、极其有限的统计名单里，会包括《连线》杂志（在那里"废墟色情"甚至已经成为了独立的搜索门类）、《灵媒缉凶》、《格尔尼卡》、《野兽日报》、"流行议题网"、《优涅读者》杂志、《威尔逊季刊》、《大西洋月刊》、《鹦鹉螺号》等等。[1] 在某种程度

---

[1] 以上是一系列美国著名的文化传媒报刊、网站。

上，如果说色情片创造了一种稳定的、同质化的展示及制造快感的形式，那么更有必要的，是指出它其实建立在一种毫不遮掩的"窥视癖"上。为了制造出一种白日梦的效果，色情片必须依靠观看者独特的缺席与距离，或者和屏幕保持明确的隔离感。观看者必须将自己从观看对象中完全抽离出来。任何有助于实现这一目的的技术（电影、摄影术、互联网）都会帮助他们获得兴奋不已的效果，这多多少少得益于偷窥者对自己作为局外人的自我意识。除去其中的性爱成分，这一逻辑也同样适用于"废墟色情"：审美的愉悦、惊悚或好奇，很大程度上取决于观看者将自己从眼前的废墟景象中抽身而出的能力。正如偷窥癖的其他形式一样，"废墟色情"揭示出一些非常重要的面向，比如我们和新出现的后工业时代荒原之间的关系。我们制造了这些荒原，又放任它们慢慢腐朽:和其他的所有形式一样,"废墟色情"也在主题、修辞、主旨构成的稳定重复中流通,并为其预设的消费者提供了一份非常保守的记录。如同其他的窥视嗜好一样,它提供了一条通往人造欲望(现在,这种欲望指向一种在废墟面前幸免于难的心情)的最佳捷径——这条路同样也通向莫大的空虚。

在底特律主义的模式下,只有对于当下及其相应的未来的信仰依然存在时,这种浪漫主义式的废墟崇拜才是成立的。与此同时,还需要一定程度的社会经济权益,以确保这种观看和思考可以在一个安全的地方进行:远离垃圾造成侵袭的真相,也不必像其他人一样承担这种侵袭和破坏的后果。没有任何一个从世界末日中活过来的人,任何一个死于污染,或在塞满垃圾的社区中幸存下来的人,会在世界的毁灭中发现美丽;但是一个有着充分舒适度的城市居民,却可以通过参观古代的墓地,在一日游中流连旧时遗迹,从而在那些与他无关的人类、社群和文明的死灭中发现壮丽而高贵的东西。在这个意义上,"废墟色情"复现了浪漫主义的优势,但始终伴随着一股生锈的后工业的气息。这种姿态,可以让你去打量那些看起来比你更靠近死亡的东西。也因此,它们同样适用于浪漫主义对于美、时间和其他事物的诸种高贵理念。对于废墟的沉思,让我们在人类的帝国、生命和梦想的倾颓前思绪万千。却不知怎地,我们并没有退回自身,寻找新的办法让自己表现得有所不同。这些浪漫的念头突然涌上心头,继而复归平静;留给我们的是自己持续不断的呼吸,以及在拥挤的城市里自信的脚步。废墟前的沉思,其实和任何新鲜的外在于它的事物没什么不同,远未激起我们对这个世界彻底的价值重估。废墟投下它的阴影,我们转身回到当下的光明中。也许这是一个更聪明的选择,但对人类文明大厦的坍塌无济于事,因为我们中的大多数人都无法从中看到任何其他的前路。思虑必然从我们的意识中消褪,因为我们已经学会了抹去许多事物的痕迹:比如我们随意丢到看不见的地方的垃圾,铺成了我们脚下的路的历史噩梦。在威胁、破坏和吞噬一切的事实真相面前,是对于现实的否定,让我们可以盲目地继续咬牙坚持。

当代社会对于垃圾景观的着迷,牵涉到一个更大的关于景观(spectacle)和可见性(visibility)的问题,以及因为我们对垃圾景观的依赖与日俱增而产生的一系列政治、社会、经济、道德及环境后果。为什么现在对于垃圾的表达完全是通过图像和景观来实现的?知识和语言看起来很重要,但仍不足够。(就像我们常说的:"无图无真相。")为什么垃圾需要作为一个危险的对象对我们可见,以促使我们思考并采取行动?正如马克斯·莱伯隆(Max Liboiron)在"废弃物研究"(*Discard Studies*)的博客[1]上指出的,97%的垃圾都属于工业垃圾,而非我们生产和熟悉的城市固态垃圾。莱伯隆正确地指出,一部负责任的,记录了真正有意义的、重要的垃圾景观的编年史,并不是由填埋场和垃圾箱组成的,而是会包括像含油砂、矿井以及被破坏的山区——所有那些正在肆意毁坏地球的采掘工业。

一个持续加速生产的社会,即使面临着经济危机与崩盘的循环周期,也需要在不断刺激

---

[1] 马克斯·莱伯隆,加拿大社会环境学者,环保运动者,艺术家,现任教于纽芬兰纪念大学。从事海洋污染、公民科学研究,以及监督污染的草根环保运动等。莱伯隆是"废弃物研究"博客的经营者。"废弃物研究"由人类学家罗宾·纳格尔(Robin Nagel)在2010年创立,是一个专为垃圾研究设立的跨学科交流网络平台,汇聚了大量关注相关议题的学者、学生、艺术家及运动家。

消费、拓展信用经济之外做得更多。此外，它同样需要不断努力遮掩其生产过程（资源开采，劳动力，组织）的本质，并且尽其所能地减轻、抑制垃圾产品对社会造成的冲击。如果有一天，消费大众亲眼见到了他们所消费、享用的物品两头有着怎样阴森恐怖的真相，那些汩汩涌出的污水和废气，会令一整个消费系统崩溃。我们并不能常常看到、嗅到或尝到在空气里、土壤里、水里的垃圾，所以我们选择了继续呼吸，继续饮食，这就如同我们看不到自己的货船、汽车、飞机和空调设备直接摧毁了海岸线，使物种灭绝或导致癌症一样。

就垃圾问题的讨论而言，语言总是在图像面前显得无力。图像是和时间联系在一起的。每张摄影图片都是一件艺术作品，它至少间接地与时间产生纠缠。我们被景观自然而然地吸引，更愿意选择观看而不是阅读，这样的倾向

挂在窗台上的宣布极刑的旗帜，第五大街69号全国有色人种协进会总部，纽约市

能立即将我们的视线引向哪怕最小的一片垃圾。事实上,很多时候,垃圾和摄影看起来就像是为彼此而生的。人们根本不可能对咖啡杯、湿透的纸团、塑料袋、烟蒂和破破烂烂的家具视而不见。我们的电影画面里散乱着废弃物;我们的画廊里堆满了相片和雕塑;舞台上的垃圾泛滥成灾。但即便如此,我们依然有充分的理由对景观社会感到厌倦。当然,它在上个世纪还是发挥了一些作用,那时候摄影术还是新鲜的技术产业,其规模远不及现在这么庞大。我们应该好好思考一种可能:我们长久以来赋予图像与视觉的优越性,可能已经远远超出了它本身的能力范围。只要想一想,几乎所有被我们称作"垃圾"的东西,都被塞进了一个远离公众的地方,被严严实实地监管起来,那么那些有力的图像,就不再是我们最明智的选择了。在呼吁为气象灾难寻找证据的行动中，我们已经明确地看到了影像的贫乏——不管是崩裂的冰川，还是溺亡的北极熊。环境的严重破坏，正在以令人震惊的速度和规模不断扩散。但它的影响渐渐只能被围观者，被目睹了视觉证据的人了解——而这恰恰是问题所在。

与此同时，爱德华·伯汀斯基（Ed Burtynsky）[1]的创意摄影作品，其灵感似乎正是源自这种为人类破坏环境寻找证据的欲望。伯汀斯基拍摄工业生产、采矿业、能源采集和垃圾处理场的大型摄影作品，很可能涵盖了观看者的所有情绪，但毫无疑问，其中一定包含着敬畏——即使它是和恐惧、恶心或悲伤一同出

---

[1] 爱德华·伯汀斯基，当代加拿大著名摄影家。运用大画幅相机进行拍摄，作品多以工业场景、社会变革、人与自然环境的关系为主题。作品被美国、欧洲和亚洲等世界各大博物馆展出并收藏，曾获加拿大杰出贡献荣誉勋章，TED大奖等。

现的。这些作品的主题可能是关于现代工业活动的,但是其形式经由技巧性的手法却释放出了更丰富的信息。伯汀斯基照片中的美与美学关怀——距离,视角,以及色彩饱和度,他的摄影机所展现的无限广阔,加上他的作品的巨幅规模——能轻而易举地带来一种截然相反的效果,以至于可以预料好心肠的环保主义观看者也会接受其作品中的形式美。站在这些艺术作品面前,面对着人类社会对唯一的地球犯下的种种罪行,我们显得如此无助而渺小。在《伯汀斯基:水》(*Burtynsky:Water*)中,位于佛罗里达州的被磷光剂污染的池塘,看起来是那么华美璀璨,就如同一眼望进了这颗星球的跳动的心脏一般:它狂暴的神经中枢正在蔚蓝的火焰中徜徉。在孟买湾(Bombay Beach)上拍摄的照片也是一样,那是一座位于加利福尼亚沙漠地区的污水治理厂。在伯汀斯基的拍摄视角中，巨大的污水池看起来像极了一个巨型的彩绘颜料盒。在《伯汀斯基：油》（*Burtynsky：Oil*）里，摄影师用了大量的空间展示科恩县（Kern County）的石油工业。我们看到了塔夫脱（Taft）辽阔的采油基地，大地和天空弥漫着恐怖而阴沉的褐色，内华达山脉在致癌的烟雾中若隐若现。无论是拍摄亚伯达的油砂，阿塞拜疆石油公司（SOCAR）的淬炼基地，堆放着美国空军轰炸机、战斗机，以及在图森（Tucson）的航空维护与重建中心（AMARC）报废的直升机的大型废品场，加拿大的钢铁丛林景象（它看起来就像最美丽、轻盈的抽象艺术作品，充满了微小的奇异景象），压扁的油桶，轮胎堆……在浏览这些藏污纳垢的景象时，人们会感知到一种疯狂的活跃和肮脏的生命力。在摄影师亚力·麦克莱恩（Alex

MacLean)[1]的镜头下,在史蒂文·赫希(Stephen Hirsch)[2]的《格瓦纳斯:水面之下》(*Gowanus: Off the Water's Surface*)中(这组美丽得令人不安的照片,展示了纽约令人作呕的、被严重污染的水体)还有其他摄影师的诸多作品之中,我们发现了垃圾景观中浸染着华彩的影像之美。它们共同组成了某种"作品升华",有毒的、大批量的、后生产与后消费的废弃物被重新打包,其毁灭性的源头和效果被降到最低,进而换上美丽的一面,展现在世人面前。

这种"垃圾摄影"(waste photography)表

---

[1] 亚力·麦克莱恩,美国当代航拍摄影师。作品大量展现了从美国,加拿大到欧洲的航拍风景,通过摄影作品展现对城市变迁,人类与环境关系的思考。曾获得包括柯林国际图书奖等多项大奖。
[2] 史蒂文·赫希,美国当代摄影师,生于纽约。作品曾在《纽约时报》《巴黎竞赛报》《赫芬顿邮报》《时代周刊》等发表,现任教于普瑞特艺术学院。

明，只要你获得了一个特定的观察视角，任何事物都可以呈现出完全不同的样子，或者变得"看上去很美"。在评论自己的作品时，伯汀斯基总是强调，他在拍摄这些画面时刻意采用了相对不可知论的（或至少是非说教式的）手法。在这些照片里，已经完全看不到巴塔耶（Bataille）[1]所描绘的那种对垃圾进行冥想时产生的不安：有机物质腐烂时的恶臭与溃烂，总是不可避免地激发我们强烈的厌恶感。即使是在少数"肮脏"的垃圾图像里，也存在一些游离于它们之外的东西，一些不仅有序，且以秩序为傲的东西。在伯汀斯基在孟加拉拍摄的废油再生和废船拆卸业的照片里（这是他为数不多的以单独人像占据大部分画面或画面中心位

---

[1] 乔治·巴塔耶（1897—1962），法国思想家、评论家、小说家。代表作品有《内在体验》《冥想的方法》《文学与邪恶》《色情史》等。

置的作品,照片里的人衣服上覆着厚厚的原油,就如同第二层皮肤一样)透露着一股令人胆怯的庄严,甚至是高贵的气息。在全球化时代的垃圾景观中诞生和终结的生命中,反感和绝望已经荡然无存。这并不是因为伯汀斯基毫不关心人性的困境与地球的毁灭,相反,它恰恰暗示出,如果想要记录下全球化的真实面貌,你很可能要牺牲掉不少亲密关系、个性,以及承受很多痛楚。"废墟色情"模式下的垃圾景观,或是作品升华的模式,都向我们指出了一种可能性。在和垃圾共处时,我们所能做出的最好的选择就是改变方向:不再与之调情,而是尝试去严肃地面对垃圾,并思考我们的生存之道。

第六章

碎片与石头

根据W.G.泽巴尔德[1]在《自然毁灭史》对二战中德国城市毁灭的介绍，我们得知，战后新出现的废墟，其前身曾是汉堡及其他繁华的城市。新废墟的规模是如此之大，在日常观念中又是如此陌生，以至于那些在废墟中迷失的、跌跌撞撞的幸存者都无法开口谈论这次毁灭。在许多情况下，他们甚至无

---

[1] 温弗里德·格奥尔格·泽巴尔德（1944—2001），德国作家。自上个世纪80年代起开始发表作品，关注历史与记忆、图像语言与媒介、以及德国犹太关系问题，曾获诺贝尔奖提名。代表作有《道法自然》《晕眩、感觉》《异乡人：四个故事》《大轰炸和文学》等。

法再直视它,或平静地看它一眼——像一个理性的旁观者至少会尝试的那样。他们处在极度的惊愕之中,像行尸走肉一样在废墟中游荡,就如同这座城市从来都是这个样子似的。

我们把这种荒弃的地带称为"废墟"(rubble)。伯汀斯基选取的拍摄视角,为广袤无边的破败的垃圾景观营造了一种秩序感。即使并不是每一次都严格地采用鸟瞰视图,他的镜头里还是会保留某些宏阔的、平静的景象,这往往来源于远距离的、相对冷静的拍摄。但在废墟这个案例中,事物原初的理想状态已经看不见了;它的残片无法被重新黏合或组装。它已经被碾碎,成为粉末。在美毁灭之后,这片万劫不复的废墟之上曾经屹立着一座教堂,如今却只剩下了废料一堆。这不是罗斯·麦考利（Rose Macaulay）¹笔下那些赏心悦目的古代遗址。至少从我们个人的角度看来，它应该更准确地被称为"早产的遗迹"（*premature ruins*）：这片几分钟之前还有人在生活、工作和相爱的土地，现在已经化为乌有。当我们置身其中时，能感到这些废墟是如此之靠近，以至于任何关于"消逝的辉煌"的浪漫想法都会显得不合时宜；由于突如其来的毁灭，它们被勉强纳入了废弃物的历史档案之中。这里的一切都变成了废弃物，就如同乔丹拍摄的鸟儿腹中的塑料碎片一样²，它们也记录下了我们和我们所渴望的或遗弃的事物的关系如何走向陌生的过程。它标记了一件件物品重新成为纯粹的物料

---

1 罗斯·麦考利夫人（1881—1958），英国作家，其创作受到弗吉尼亚·伍尔夫的影响。代表作为社会讽刺小说《特拉布宗的塔群》，被视为作者本人的精神自传。
2 美国摄影师克里斯·乔丹展现信天翁尸体的摄影作品，具体参阅本书第一章。

被康涅狄格河冲毁的房子,马萨诸塞州北汉普顿

的转变,这是一个返回原初(rawness)的过程。废墟,是被打断的欲望的代名词。

现在不只是泽巴尔德笔下的那种传统战争才会产生成堆的废墟,还有一整类被我们统称为"气象残骸"(climate debris)的事物也会。这些物质的出现总显得不合时宜,在飓风、洪水、海啸和山林火灾中诞生——比如飓风"桑迪",飓风"卡特里娜",福岛海啸[1]——我们曾希望我们的世界可以抵御它们的冲击。它的景象使人想起拼图玩具、成堆的引燃物和火柴。一场飓风,洪水或龙卷风过后,你在航拍中看到的正是这种特殊的灾难产物。政治领导

---

[1] 飓风"桑迪"为2012年10月生成于大西洋的一级飓风,古巴、多米尼加、牙买加、巴哈马、海地等地都因"桑迪"的袭击而遭到大量财产损失和人员伤亡。飓风"卡特里娜"为2005年8月生成于巴哈马附近的五级飓风,登陆美国后,给路易斯安那州、密西西比州及阿拉巴马州等地造成了灾难性的破坏。2011年11月22日日本福岛县海域发生7.4级大地震,并引发海啸。

人利落地踏过废墟,发表关于"生者坚强"和"重建家园"的演说。气象残骸和普通的垃圾堆的不同之处,就在于我们和它们之间的因果关系暂时处于"短路"的状态。这种特殊的垃圾种类有着惊人的魅力,任何一部涉及自然或人为灾害的电影,都会对之表现得难以自持:电影中一定会出现勘察废墟的画面,也一定会出现幸存者或震惊或麻木,或恐惧或慌乱的面容。为了极致地展现这种无边的画面感,电影常常会展现强大的自然之力如何摧毁摩天大楼,并使之灰飞烟灭。

在当前这个危机四伏的年代,灾后废墟,是视觉震撼的绝佳表现对象。我们已经进入了微科技和虚拟体验的时代。一方面,日常生活中已经看不到传统工业的场景了;另一方面,纪念碑或基础设施这样的大型公共工程已经被取消了。将两者结合在一起的灾后废墟,让我们对于具有纪念性的气象残骸场景产生了一种少有的、与生俱来的迷恋。我们带着震惊的、不解的心情走近这些突然出现的废墟，参观个人与集体的遗物，继而突然福至心灵地认识到，一切正如蒂莫西·莫顿所说的那样："人类正在苦苦追赶现实。"事实上，无论我们在何时何地，以何种方式看到这些气象残骸和碎石堆——或许在火车铁轨上，或许挂在树枝上，或许在空中飘散的发臭的烟尘中——我们几乎都无法理解它们。人类对垃圾的理解，常常源自对特定物品（车子，房子，城市）的使用寿命毫无根据的认知。我们过去一直活在一种期待里，期待时间能以特定的、平稳的方式展开。然而这些从天而降的废墟提醒了我们，这种期待从来都是一个自欺欺人的谎言：我们以为自己是时间的主人，但真相往往恰好相反。气象残骸中断、撕裂了一切，将我们曾创造的完好世界的碎片交还到我们手中。我们站在它的面前，瞠目结舌，束手无策。

人们很难从伯汀斯基拍摄科恩县油田的照片里，辨识出背景中那个孤零零的小镇，那里是我长大的地方。小镇位于内华达山区，在我小时候，街道两旁都是空荡荡的店铺，风滚草贴着被风吹倒的栅栏越积越多，寂寞的日灼病人，漫无目的地在窄窄的路边散步。还有倒塌的谷仓，没有轮子的老爷车倚靠在野草疯长的院子里，破陋的农具被丢在阳光下，任凭其生锈。可以说那里曾经是，也依旧是我比任何人都更亲近和了解的地方。就如同罗伯特·史密森（Robert Smithson）[1]镜头下的帕塞伊克县一

---

[1] 罗伯特·史密森（1938—1973），美国当代前卫艺术家，出生于新泽西的帕塞伊克。生涯早期以绘画见长，在素描画作中融入来自于波普艺术、科幻小说的灵感，后期转向极微主义的雕塑创作。

样，这个地方没有真正意义上的废墟，被遗弃的其实只是曾经可能的未来：灭绝的土著居民，被旱灾打垮的农场，饥肠辘辘的牲畜，化为泡影的掘金潮，娱乐城变成了碎裂的堤坝，干涸的湖泊，只剩下无数无用的尘埃……

每年夏天，趁着在西边的森林和灌木丛枯萎，大火在山上烧出一条路来之前，我们都会向高原进发，采集冬天用的柴木。大人们负责伐木和劈柴，我则会四处搜寻黑曜石的碎片。这些黑曜石是山里的土著居民遗落的。几个世纪以前，当勘探者、农场主、移居者、退休的老人以及美国陆军还未到来前，他们就住在这里。考古学家使用"废片"（*debitage*）这个词，来指称这种在漫长而细致的石器生产史中留下的废弃碎片。我经常能在大片裸露的花岗岩的边缘找到这些碎片，这些地方曾是土著居民的工地。我挖掘岩石周围的林下植被，将这

090 些碎片收集在一个空的胶卷桶里,再偷偷将它们带回家——因为如果大人们知道了事情的真相,一定会无法容忍我这种"亵渎"的行为。这些泛着玻璃光泽的黑褐色碎片,很有可能是我第一次偷来的"赃物"。我对它们怀着一种从未有过的渴望,部分是因为秘密的采集途径,以及寻找的过程中那种令人亢奋的挑战性;但更大程度上是因为,就如同19世纪贪婪的埃及学学者一样,我梦寐以求着一切曾被古人的双手触碰过的东西。和那种每个博物馆里都有的,陈列在玻璃柜里的奇珍古玩不同,这些废片就那样藏在泥土里,在离家咫尺之远的地方,静静等着被找到。这种亲近感仿佛给我颁发了一张许可证,让我可以在这里自由行动,想拿什么就拿什么,其余不想要的就丢在身后。

被 WIPP 项目赶走的土著居民中,住在西南沙漠地区的大部分是纳瓦霍人(Navajo),而在更远的西边,内华达山脉地势较低的地区,则是图巴图拉贝尔人(Tubatulabal),丘陵约库特人(Foothill Yokuts),派尤特人(Paiute)及莫纳奇人(Monache)的聚集地[1]。威廉·希尔德布兰特(William Hildebrant)和凯莉·麦奎尔(Kelly McGuire)告诉我们,在中古时期,这个地区生产的双眼黑曜石是带有荧光的。后来,掘金者、军队和农场主从19世纪中期开始踏足这个地区,这些石器工具和碎片就变成了当地考古学记录中最常见的身影。这个地区的基岩碎斑结构位于相对较深、光滑的低洼处,土著居民曾在这里研磨橡果、松子、熊果树的浆果,以及处理猎物。这些地方有着大量诸如以工具做精细切割、打磨的人类劳作

---

[1] 这些都是位于北美加利福尼亚州附近的印第安人部落。

来自派尤特,帕羌格,卡普拉部落的美洲土著代表,正在与来自加州的美国议员协商事务,华盛顿特区

痕迹，但最终会逐渐被雨水，松针，细枝，落叶和尘泥填满，有时候甚至被一整片基岩上的松针和落叶覆盖得严严实实。在探索这片区域的时候，绕过或翻越岩石时甚至都不会注意到它们的存在——直到你俯下身来，或跪在地上，用手把树林里的碎石拨开，才能看清它们的庐山真面目：这些黑曜石依然可以使用，依然可以防渗漏，和几个世纪前没有差别。

这些地方通常被称为"贝丘"（"midden"），而且常常和内华达山脉加工橡子和其他食品的活动区域有所关联。正如托马斯·杰克逊（Tomas Jackson）所言，这些食品加工场地"在这个与女性生产劳动组织直接相关的地方，展现出了女性对于*固定生产设施（fixed production facilities）*的创造力"。贝丘的土壤中含有密集的人工制品及其他工具碎片，比如箭头、杵和碾磨石的残片。特瑞·琼斯（Terry

Jones)则提到,在前殖民时期,黑曜石是内华达山区中南部最重要的交易产品之一。在这张复杂的地貌图上,高耸崎岖的山体的一侧是河流峡谷,继续往下,则是浅滩上的高海拔谷地,以及开阔的圣华金盆地(San Joaquin basin);东侧的山岭地区,直直地伸入美国西南部广袤无垠的沙漠。当地最常见的花岗岩和锐利透亮的黑曜石不同,相对而言并不适用于制作精美的石器工具。此地种类繁多的猎物(鹿,羚羊,黑熊,山猫,美洲狮,松鼠,兔子)以及并不稳定的内陆溪流和自然渔场,意味着狩猎曾是当地人重要的食物补给途径,帮助土著居民在艰险的自然条件下谋求生路。因为这个缘故,用黑曜石来制作箭头、矛头和削皮刀就变得格外重要。这在一整片内华达山区都非常普遍。琼·杰罗(Joan Gero)在其论文集《生成学考古:女性与史前时代》中的调查指出,"在高度密集的生活垃圾区域,对史前时代的女性形象的描述很可能是不恰当的。在部落大本营或住宅中心区发掘出的那些材料,至少有可能和女性的工作有所关联。"琼将这些劳作空间称为"性别石器"区(*the terrain of genderlithics*),区域内只有少数废弃石材留存下来。长久以来,石器制造业一直被认为是专属于男性,或由男性占主导地位的活动,而琼的工作则对突破这一错误观念做出了极其重要的贡献。我所搜集到的黑曜石碎片,大多数都被埋在露出地面的基岩的底下。多年以前,它们在制作箭头时被削落,或者是在妇女们坐在岩石上雕刻双面器具时,滚落到了地面上。这些黑曜石的碎片落入层层树皮,松果和松针之间,覆盖在泥土上,渐渐形成了一个碎片区——像极了你在理发店理完头发以后,从椅子上起身时抖落的碎发。每每想到那些妇女曾经在这里劳动,制造出求生必备的武器和用具时,我的心里总会浮现一幕画面:母亲在厨房里给蔬果削皮,准备熬制一锅炖菜。削下来的土豆皮和胡萝卜皮,呈现出混杂的浅褐色和橘红色,总会落满厨房的水槽。

和此前与此后数不清的入侵者一样,我也在那人们曾经建造家园的地方找寻着古老生活的残迹,并将之带回自己的家中。我将它们逐一排列好,摆放在一个靠床的架子上。在后来的某一天,这些石头遭到了再一次的遗弃。那天它们很可能和食物碎屑、塑料包装袋一起被扔进了垃圾桶。因为这些美丽的碎片,突然在我眼中失去了曾经的意义。现在,它们正藏在科恩谷(Kern Valley)填埋场地下的某个角落。在夯实的土壤里,它们和无数 20 世纪的塑料垃圾躺在一起,等待着未来的某个考古学家或拾荒者到来,再一次重见天日。这些碎片太过细小，没有箭头或切割工具的价值。但作为几百年前人类亲手制造的器物，这些光泽透亮的碎片，曾经对我意味着一切。就像是你昨天扔掉的一件垃圾，很可能曾在多年前点亮你沉闷的童年。在它们自己的时代，这些大小不一的黑曜石，就好比是今天的木屑、刨花、焊接时的熔滴：它们记录下了人类制作求生工具的历史。作为其过程中不可避免会产生的废料，它们曾被丢弃，却又重新出现在我和其他人年幼的眼里。对我们来说，它们正是无法重现的往昔留下的零光片羽。远远看去，薄薄的碎石身上那种透亮的黑色，闪耀着一种近乎深褐色的光彩。我会把足够大、足够薄的碎片带回家，用它们覆盖在书页上进行阅读。出于某些原因，透过褐色玻璃的阅读令我感到兴奋万分。就仿佛是偶然获得了一副魔法眼镜，它能赋予我神奇的力量，看穿文字之下的文字，触

095 碰到语言真正的意涵——从很久以前开始，在没有出门搜集石头碎片的日子里，我一直沉溺其间，乐此不疲。

但是，这些碎片最令人兴奋的地方在于，我们能在它们的身上看到古人在制作过程中所付出的劳动：在这些黑曜石制成的精美工具和武器的表面，劳动留下了美丽的坑坑洼洼的痕迹。它们既折射出工作的意义，也暗示了一种烦恼。如今我们的许多用品已经在设计中尽量减少或抹去了这种品质：看看手机光滑的表面，还有其他设备极力展现出的轻盈感。那些摸不着门道的使用者，几乎无法在它们身上找到劳动的痕迹。作为古老的家庭废品，这些闪亮的废片，就如同死马湾[1]的玻璃罐子一样。它们似乎在喃喃诉说着过去那些劳作的日

---

[1] 有关位于纽约郊外的死马湾的内容，可参阅本书第一章。

子——今天，那些往事时常被藏匿在忙碌的表象之下。这些从泥土里发现的小小碎片，远比我从书中读到的任何知识更能激发我对于过去的好奇。同样令年幼的我充满疑惑的，还有这些碎片自身语焉不详的历史，以及我们的劳作，究竟是以一种怎样的方式——就像其他很多关于我们的事物一样——被抹去了存在的痕迹。

第七章

储藏之地

欲望是异质的,独特的。当它为了获得满足,而放低身段到器物中寻找出口时,就更是如此。无论是贫穷还是富有,我们在乎的东西实则以不可通约的方式存在,多数情况下也无法向他人阐明它们的意义。我可以选择对你的东西憎恶或容忍,尊重或漠不关心,你对我也是一样——但我们的步调永远不会取得完美的一致。随着时间的流逝,有时候真的不知道到底该牢牢抓住些什么。品位和兴趣会变;生活规划,伴侣,家庭,收入,空间和优先次序也会变。我们将一些纪念品紧紧攥在手里,然后在某天早上醒来,开始思考为什么自己曾放弃了一些突然看起来很重要的东西。我们的器物被寄予厚望,似乎能回答"我们是谁"——或"我们曾是谁","我们将会变成谁"。它们的背后拖着主观的,充满情感的历史的尾巴。在《马克思的外衣》("Marx's Coat")里,彼得·斯塔利布拉斯(Peter Stallybrass)[1]描述了马克思的家人(进而延伸到整个工人阶级)好不容易才从当铺赎回的那点可怜的物品,以及他们所附加其上的复杂的价值。从一户人家转到典当行老板手里,按照规矩,物品身上带有家族和情感色彩的价值都要被洗去。这样,它们才能毫无阻碍地重新进入市场,和纯粹的商品没什么两样。"他们仅有的一点财富,并不是存在

---

[1] 彼得·斯塔利布拉斯,生于英国,现为美国宾夕法尼亚大学英语系教授,主要从事英语文学,比较文学及文化理论研究。

银行里的钱财,"他写道,"而是家里的物品。一家人的幸福与否,可以通过这些物品的得而复失,失而复得来衡量。"在使用价值与交换价值之间不断转换,物品与形式拉锯般的关系,构成了一场无尽的官司:缺了口的碗碟,带污渍的棉麻粗布,被迫一次次地离开这个一贫如洗的家庭,重新流向市场。运气好的话,过一阵子它们又会被拼命赎回。在这则表现贫穷的"传奇"里,马克思的外衣在家中几进几出,实则同时讲述了一个欲望如何抓紧事物不放的故事。判断一件物品的价值——也就是说,它现在是不是垃圾——份属个人品位,但同时也是市场的需求;感受个人品位与市场需求之间的尖锐矛盾,在贫穷的经验里占据了很大一部分。

死亡是另一件提醒着价值变化的事情。在挚爱临终前,或刚刚离世的时候,常常会发生这种令人不快却又无可避免的谈话:将来如何处置他们生前的财物。去别人家作客时,最令人感到疏远的事情之一,就是观察他们对摆设的离奇古怪的选择:墙上挂着的东西,主人似乎情有独钟的地毯花纹,古董和小玩意,工具器械,或者印有奶牛图案的窗帘。玛丽·道格拉斯(Mary Douglas)[1]提醒我们:"从来没有什么绝对的污渍。它只存在于旁观者的眼里。"随便闯入哪个庭院旧货市场,你就会找到五花八门的外套、皮带、钱包、领带、扶手椅、衣橱、餐桌椅,还有好多年代和审美趣味各异的家用电器。随着主人的离世,这些物品被重新投放到睽违已久的世界里。在"当下"的映衬下,它们不可避免地暴露出"过往"岁月的灰尘、代际和黏答答的质感,与这些物品如影随

---

[1] 玛丽·道格拉斯(1921—2007),英国人类学家。代表作有《纯净与危险:对污染与禁忌等观念的分析》《自然象征:对宇宙观的探索》《财货的世界》等。

形。如果生活在现代消费社会之中意味着要不断收集物品（比如相框、八音轨磁带、饼干桶、奶酪刨丝器、手工棉被、落单的拳击手套），那么，死亡则将物品放逐到了一个崭新的、没有束缚的世界。它获得了全新的、粗糙的价值，以及在仓促无情的秩序里不断变换的褒贬评价。有的时候，除了品位，垃圾真的什么也不是。

好好看看亲人的房子吧。未来的某一天，你或许有机会继承他们的身后之物，或承担起分类整理的任务。你或许会感到莫大的悲哀：这些遗物与他们的生命攸关，但是其中对你有意义的部分，却是如此之少——而这些人对你而言，明明意味着一切。然后，请回家去，去面对你自己的东西，看看能否从中预见它们将来被遗弃的命运：它们不仅仅是不再被使用了，也不仅仅是变得年久失修，变得过时，而是再也得不到继承人和孩子们的喜爱。一旦你撒手人寰，难免会有到处翻找的陌生人靠近它们。你所在乎的东西，在他们的眼中几乎都是没有意义的。我们在身边搭建的物质世界，其实仅仅依靠人工勉力维持，就如同我们自身一样脆弱，随时都有坍塌的危险。在大多数情况下，这个世界压根不会在乎你的家具，你的厨房器皿，你的旧衣服小玩意儿和你敝帚自珍的书籍。将这些东西维系在一起的，只有那个人，那个用了一生的时间去收集、收藏它们的人。只有她会将这些东西视为生命里不可或缺的一部分。而现在，那个人已经不在了。

《美国破烂王》（American Pickers）[1]是美国

---

[1] 《美国破烂王》为美国历史频道于 2010 年推出的一档真人秀电视节目。自播出后，创下历史频道自 2007 年《冰路前行》后的最佳收视纪录。

历史频道推出的一档真人秀节目。主持人麦克和弗兰克来自爱荷华州，是两名废品收藏家。节目随着他们的足迹踏遍全国，在美国的乡间小路上到处寻找"生锈的金子"（"rusty gold"）——也就是早先时候的残骸碎片，它们有的埋在碎石堆底下，有的贮藏在阁楼或破败的仓库里。他们的主要任务是重新发现，然后把这些从内陆地区犄角旮旯的地方找来的东西，卖给收藏家、设计师以及富裕地区的房屋主人。这个节目的主要内容，就是展示他们如何从堆积成山的杂物里面杀出一条路来——这些杂物的主人曾经花了四五十年的时间收集他们，现在打算将它们一股脑卖掉。

麦克首先出场，介绍如何让这些废弃物重回市场，为它们找一个合适的新归宿。他的热心肠看起来非常真诚，带着那种中西部人特有的朴实魅力,博学而谦逊。这个节目的灵感与经营之道,就是要寻找那些拥有大量废品,而且愿意以可观的折扣进行抛售的人;除此之外,还要找到一群常常素未谋面的买家,他们非常愿意为了这些复古的"美国文物"慷慨解囊。麦克和弗兰克,以及他们的一小群合作者,助手以及伙伴,承担着关键的交易职责:他们的工作,就是"洗劫"过去的世界,利用现代社会对于旧物的迷恋,创造出新的商品——这些旧物设法存活了下来,用别样的独特工艺吸引着我们。麦克常常会说,他是多么希望能将这些报废的物品再次"带回这个世界",让它们获得新生。一位印第安纳州老人的困扰和节俭,有一天会来到天价的布鲁克林或硅谷,变成微型 LOFT 公寓(micro-lofts)里的"标志风格"("signature pieces")装饰。它们传递出人们与过去、真实性、手工艺及劳动的想象性的关系,洗尽铅华,只留下象征性的、审美化的图腾崇拜物。

在研究物品理论时,让·鲍德里亚(Jean Baudrillard)[1]提出了一个疑问:究竟是什么支撑着"对旧物孜孜不倦的追求——像是古董家私、真实性、时代潮流、田园牧歌、工匠技艺、手工制品、土产陶器、民间传说等等?"他指出:"神话对象的时态是完成时:它将'过去发生的事情'变成'已经完成了的事情',因此,在它身上建立的事物就获得了一种'真实感'。"这些物品,美得如此粗粝,历久弥坚,将一整个遗失了的手工生产的世界交到我们手中;在废品收藏者也渐渐消失的世界里,

---

[1] 让·鲍德里亚(1929—2007),法国社会学家、哲学家,对资本主义消费文化、拟像、后现代性的理论研究做出了重要贡献。代表作有《物体系》《消费社会》《符号政治学批判》《生产之镜》《仿象与拟真》等。

五大湖工业区照片（部分受损），密歇根州胭脂河

发出回响。对逝去的美国手工艺时代而言,这些收藏者就好像是非正式的监护人一样。但最重要的是,这些摆满了古董的家庭和交易市场,本身构成了一个略微不同的新世界。它们尝试着去呈现"历史"的光晕,从真实的物质生活中脱落,变成纯粹的古玩。现在,这种新的交易市场和新的家庭空间,充当着资本生产下的物质世界的博物馆和陵墓——而资本世界早已迁移到了别的地方。

在《美国破烂王》里,从旧物中散发出来的对"想象的真实性"的渴望,同样乔装打扮成了保守的本土主义势力。在大多数情况下,"破烂王"寻找的旧物持有人都是年老的白人男性,生活在美国闭塞的乡村地区。并非巧合,这反映出了这档节目和电视频道的目标受众。在这个意义上,这档真人秀不仅通过拂去废品上的灰尘,呈现了早期美国制造业的"大写的历史",也同样让观众们在看到"破烂王"们愤愤不平的时候,感到有所慰藉。作为破破烂烂的遗迹本身,这些旧物持有人看起来已经过时或无用了。这些来自美国时代(American Century)[1]的"活化石"又快活又苍老,充当了逝去的二战时代、逝去的中世纪生活方式的代言人;他们一次又一次地,将人们的情感与关注(以及可观的利润)重新带回到那些凄凉的物品身上——它们一度看起来已经"老而无用"。这些历史的监护人,似乎成功地帮助物品避开了彻底的毁灭,使得这些铁质的储钱罐、加油站的油泵、民间艺术和报废的摩托车引擎,因此又得以偷生片刻。但是《美国破烂王》的意义,绝不仅仅为了在质朴的工业时代

---

[1] "美国时代"一般指的是 20 世纪中期以来,尤其是二战结束以后,世界经济、政治、文化格局由美国主导的特殊时期。

消逝以后，为美国白人的怀乡病提供一个入门读本。这档节目有着同样明确的代际政治见解（generational politics），虽然常常通过一种更加浪漫化的、四处弥漫的方式呈现出来：它哀叹着，很久以前，这个国家一度也曾亲手建造一切。

可悲的是，现如今，这档真人秀是少数几个会展现老年人的电视节目。我们想要看看那些旧物收藏者本人，而不仅仅是他们囤积的废品本身。这些收藏者就好比是一个旧时代的遗迹。现代社会已经没有空间摆放，也没有耐心或兴趣去关注这些历史的碎片了——不管是对那时候的废弃物，还是对那些几乎和它们相伴一生的人。这档节目就好像是一个鲜活的档案，为了适应美国制造业时代的终结，以及随之产生的现象——阶层流动、工作保障以及社区的崩坏——深入到锈迹斑斑的老古董中进行探索，记录下了荒废之地在全球化时代的种种样态。节目中所呈现的收藏者的小传，同样让我们得以对经历过二战和越战的世代在新世纪最初十年的宁静生活作惊鸿一瞥并印象深刻。几十年前，这几代人曾经互相看不顺眼，但在节目中他们已经联合成了一片广泛的退伍退休群体。在这里，二战、朝鲜战争和越战老兵之间的差异已经变得毫无现实意义。对研究美国政治史的学生而言，眼睁睁看着60岁的越战老兵和80岁的二战老兵之间的差异被抹去，一种奇怪的抚平效应（flattening effect）会油然而生。新左派时期的代际冲突，曾经表现在对上一代的文化与价值的深刻怀疑之中，并与之保持距离；而现在，在《美国破烂王》里，这种反抗精神已经失效，而变成了对于美国工业时代历史的全新构想。这其中，有着在1970年代以降，新自由主义经济大转型前就成长起来的美国人,以及作为后来者的我们。这些人往往在同一个岗位工作了四十年,买了房子和土地,组建家庭,积攒了一辈子的废品杂物——现在他们将这个过程展现出来,带着一种叔父般的自豪(avuncular pride)。20世纪中叶的文化战争的所为,以及全球化的所不为,现在合并成了一种更为宽泛的"正宗的"美国经验。通过搅乱不再流行的旧日的政治分歧,一种新的分歧取而代之:一边是过时的、老式的粗重的工业精神,一边是用现成的商品、人造真实感打造的堕落的新时代。

《美国破烂王》和另外两档电视节目,《强迫性囤积症患者》(*Hoarders*)[1]及其在旅游生活频道(TLC)更为哗众取宠的变种,《强迫

---

[1] 《强迫性囤积症患者》,为美国A&E电视台2009年推出的真人秀纪录片,节目的主要内容围绕各种各样的囤积癖病患展开,节目组会当面丢掉他们多年囤积的物品,并展现患者的精神痛苦。

性囤积：活埋》（*Hoarding: Buried Alive*）[1]形成了有趣的对抗。后两者的价值，正在于榨取收藏者的形形色色的囤积强迫症的痛苦，并引起观众的共鸣。相比于《美国破烂王》，《强迫性囤积症患者》更大程度地将这种共鸣建立在不得体的、不健康的垃圾景观上，以满足观众的窥视心理。如果说《美国破烂王》带来了一种民间考古学，那么《强迫性囤积症患者》则示范了最糟糕的流行心理学。它唤起了我们对社会畸零之人、狂躁症、强迫症，以及心理疾病和缺陷之表征的观看上的病态迷恋。这些节目，刻画了人们和情感对象的关系的迥异面貌，进而说明——物品（即使是在优质的状态下）其实没有高下之分，只有人与物品的关系

---

[1] 《强迫性囤积：活埋》，为美国 TLC 电视台 2010 年推出的真人秀纪录片。同样是聚焦囤积癖患者的人生，该节目更侧重于引导他们矫正自己的病态心理与行为。

才有好坏之别。这些节目的制作人，采用了极为不同的方法来勾画各自的垃圾堆：在《强迫性囤积症患者》里，常常出现腐坏的食物、废纸和动物尸体；在《美国破烂王》里则会有铁质的玩具，罕见的19世纪自行车。这些数不胜数的物品，就算只对它们投去匆匆一瞥，也能非常清楚地看出，即使是《美国破烂王》里从最丰富的古董堆中发现的收藏也同样是一文不值的垃圾。一个从未被问起，也从未被回答过的问题是：对于这些堕落的囤积者而言，在食物残渣、脏碗碟和老鼠屎中，是否隐藏着什么真正的，有历史价值的东西？我们和这个问题擦肩而过，很快将它抛诸脑后，因为这档节目的意图完全不在于此。我们要审视的，就仅仅只是垃圾而已。

放在一起看的话，这两档涉及垃圾和欲望的节目都表明，是市场需求和社会基准决定了事物的价值，决定了一件物品是否配得上人们的欲望。因此，电视真人秀的行情和社会传统往往是一把很好的判断标尺。如果你的家里塞满了发霉的旧报纸和过期的调味品，那么就说明你的心理可能出了问题；如果塞满了那种廉价的连锁餐厅里为了让顾客大吃一惊而收藏和展示的油泵，则说明你是一个懂行的投资者和价值决策者。《美国破烂王》突出了那些有市场价值的"珍宝"，并对没有价值的垃圾视而不见；而《强迫性囤积症患者》则恰恰相反，大部分时间都聚焦在那些无用的废品身上，以及囤积者和亲人为此所付出的巨大代价。在回顾特辑《美国破烂王：不在路上》（*American Pickers：Off the Road*）中，麦克应观众要求回答了一个常常被问到的问题：你们的节目和《强迫性囤积症患者》有何不同？"上我们的节目的人是自豪的。"他说。如果说旧货交易者在《美国破烂王》中流露出的主要情感是自豪，那么《强迫性囤积症患者》则将美国家庭中的高耸的废品堆视为一种耻辱。在前者中，废品记录下了冒险、旅行、充满好奇、兴趣爱好广泛或良性积累的一生；而对后者而言，生活在混乱阴影下的人群则成了棘手的难题：他们是反社会的、遭遇了伤害的人。节目组带来了数不清的垃圾箱和精神病专家顾问，大家齐心协力将大量的垃圾丢出门外，伴随着囤积者本人强迫症式的精神折磨。"归根结底，消费总是难以抑制的。因为消费本就建立在匮乏之上。"如果鲍德里亚的说法是对的，那么，像《强迫性囤积症患者》这样的节目，之所以事无巨细地展现爆棚的垃圾，个中的绝望与疯狂，就是为了诊断这种匮乏。

一类囤积者在整理废弃物品方面很失败，另一类囤积者则非常善于整理垃圾。一档节目

维索装瓶公司作品，伍尔沃斯的橱窗

构想了完美的市场,那里存在着一种无限"废物利用"和"利润产生"(没有使用价值)的文化氛围,新旧货品一同在此流通;而另一档节目,则构想了一个人们的心智都井井有条的世界,因为消费世界需要靠它来维持运转,以避免暴露太多内置其中的,与生产、流通和价值的精神分裂般的关系。在《美国破烂王》里,"匮乏"是一种劣质商品的现代状态,它只能通过复活伟大的过去而被修复,后者的价值如同护身符一样。然而,在《强迫性囤积症患者》及相关类型的电视节目中,这种匮乏却成了一种心理折磨。对垃圾成瘾,是社交障碍或精神疾病的征候。讽刺的是,这些被忽视的财宝能在《美国破烂王》重见天日的原因之一,是它们曾一度被视作是没有价值的,并因此被丢弃——就如同囤积者手中那些无用的垃圾一样。这些东西之所以能在破铜烂铁中生存下来并获得价值，一部分是因为它的同类都已经变成了垃圾。无论是《美国破烂王》还是《强迫性囤积症患者》，都将它们的意义建立在"可废弃性"（trashability）的文化逻辑上。《强迫性囤积症患者》认为，垃圾桶是一切事物的最佳、最便捷的去处；《美国破烂王》则认为，只要不是垃圾桶，任何地方都可以成为它们的最佳去处——因为它的同类物品已经在垃圾桶里报废了。

能不能不仅仅将《强迫性囤积症患者》这样的节目中的人事看作是心理疾病的个案呢？因为没有受到关注没有招致鄙视的损耗行为，远比我们所看到的要多得多后果也严重得多，并且显然不会通过前述病理学的方式被观察到。但是，为什么是这样？工业生产制造出了数量惊人的垃圾，它们只是生意经营的小小代价：就好比是每个现代消费者，平均每天都会丢掉7磅重的垃圾一样。那些和他们的垃圾生活在一起的人，那些拒绝接受虚假的"别处"观念的人，却被划归为社会的"畸零人"。他们被诊断，被嘲笑，或接受我们的不切实际的检验。然而，我们中那些沉迷于"别处"幻想的人，才是真正的畸零人：这非出自社会规范，而是源于事实真相。至少我们还可以说，囤积者紧紧抓住了他们自己的废品仓储，而没有将之外包出去。正如爱德华·休姆斯（Edward Humes）[1]指出的，相比于他们没有将这些东西称为垃圾的事实，更重要的是，囤积者们展现出了"一种公共服务"，因为他们让我们看到了我们的遗产的真实面目。和这些囤积者家中的廉价景象不同，大部分人都会将垃圾堆积在

---

[1] 爱德华·休姆斯，美国新闻记者，非虚构作家，生于菲律宾。1989年获得普利策新闻奖，出版作品包括《新生儿加护病房的春天》《密西西比泥沼》《公平审判》《无论我多大声音呼喊》《美国最好的中学是怎样的》等。

外包的填埋场中,而不是我们自己的客厅、厨房和院子里。像《强迫性囤积症患者》这样的节目暴露了一个事实,将垃圾丢到看不见的地方看起来是正常而健康的选择,但事实上,我们这样的做法就和垃圾这个问题本身一样惹人讨厌。相比于大部分节目观众(他们觉得自己有更健全的心智)清新整洁的,或仅有一点凌乱的家来说,囤积者的"猪窝"构成了一种另类的空间。

于是,在某种程度上,《强迫性囤积症患者》触及了当下的一种文化习惯:试图对欲望进行管理规划并使之正常化。此外,节目也涉及人们被人造欲望冲昏头脑的危险,以及,人们感受到需要就消费和收集——尤其是在一个要求人们为此牺牲健康和幸福的世界里——寻找一条折衷的解决之道。这些囤积者好像打破了我们和时间、价值还有对象建立关联的约定俗成的方式。在困扰、强迫症、精神和社会危机的修辞表象下,对观众来说,最令人触目惊心的,是看着我们的生活空间如何一点点被垃圾侵吞。家已经变成了储藏库。享受秩序井然的现代栖居空间的目的,也因为受到过多享乐、过多纵欲的干扰而被打断,从对拥有占有的梦想,变成了幽闭恐惧征般的噩梦。享乐的对立面正是过度享乐,这是"囤积癖"的文化逻辑。在劣质而廉价的商品时代,我们用"囤积癖"为一种特别严重的囤积恐慌命名。在这里,我们对物欲的失控,超过了我们收藏、组织、展示物品用途和价值的能力;就像埋在自己囤积残骸下的科利尔兄弟[1],或者《灰色花

---

[1] "科利尔兄弟"指的是美国的霍默·科利尔(1881—1947)与兰利·科利尔(1885—1947),两兄弟患有严重的囤积癖,他们用了几十年收集了大量的书籍、家具与乐器等等。1947年被发现死于位于纽约哈林区的豪宅中,身边环绕着超过140吨各色各样的囤积物。

园》¹里的那个女人,她最终逃离了供给过剩的社会。听到更加著名或富有的囤积者被形容为仅仅是有点小怪癖,这并不令人意外,因为这样的说辞提醒着我们囤积并非一件坏事(我们被告知这是好而必要的!),然而那仍是不正常的,偏离中心的。在一个明显围绕消费运转的社会里,最糟糕的事情就是不能成为童话中的金发女孩²;而是要么让自己狂热地沉溺于成堆的垃圾之中,要么活得像个斯巴达隐士那样多疑,远离尘世,对手机、电视和网络不感兴趣,不关心时尚、新闻和服饰。就像我们消费

---

1 美国经典纪录片《灰色花园》(1975),导演为梅索兄弟。梅索兄弟用7个月的时间,拍摄记录了一对同名为伊迪斯·比尔的古怪母女远离人世、隐居"灰色花园"的生活。
2 金发女孩(Goldilocks):源自童话故事《金发女孩和三只熊》。迷路的金发女孩未经允许进入了熊的房子,她尝了三只碗里的粥,试了三把椅子,又在三张床上躺了躺,发现只有一碗粥不烫不凉,一把椅子一张床不大不小刚好。金发女孩选择事物的原则被称为"金发女孩原则",意指凡事须有度,不能超越极限。

OBJECT LESSONS

女人，三个孩子，活猫和死鸟，20 世纪早期

的许多其他真人秀一样,《强迫性囤积患者》和它的变体为观众提供机会去表达一种模模糊糊的空虚感,与此同时,满足于猥琐的偷窥欲,后者让我们(当我们盯着平板屏幕上的插播广告时)以一种和电视上的病例截然不同的方式定义自己。从远处呆呆地盯着的时候,那些病例显得如此引人入胜。不管我们之前是否已经认识到,我们的垃圾的确和生活中那些干净的、值得拥有的物品实现了一种动态平衡。而我们想要确认的是,我们自己不会被错误的事物活埋。

第八章

卡马西平湖

在《10世纪的布利克灵布道书》(*Blickling Homilies of the Tenth Century*)[1]里,我们读到了一个伤心欲绝的男子停止了自己的"尘埃之思"("contemplation of the dust"),并对世事感到厌倦的故事。这种对尘埃,或"尘埃奇观"的凝视和思考有一个存在了千年的古老名字:

---

[1]《10世纪的布利克灵布道书》,理查德·莫里斯编,1874年于伦敦出版。"布利克灵布道书"是一系列盎格鲁-撒克逊的佚名布道书的统称,这些布道书采用英语写成,完成于10世纪以前。是唯一从中世纪存留下来的英格兰布道书。"布利克灵"的名字取自布利克灵大宅(Blickling Hall),相传是英王亨利八世的王后安妮·博林出生的地方。

"观尘"(*dustsceawung*)。面对这个生活在莎士比亚和罗伯特·伯顿(Robert Burton)[1]五百年之前的人,我只能想象他必定感受到了——就像他的同时代人和我们自己一样——在日常生活中频繁使用的那些语词常常不足以传递我们想要表达的情感和思想。作为一个生活在 21 世纪的人,"观尘"这个词在我看来似乎带有某种怅惘的、灰褐色的沉重感。每当想到人类制造的现代垃圾时,这种沉重感就会浮上心头。

这么多年来,五大湖已经从我们倾倒的药品里吸收了不计其数的化学残余。[2] 五大湖湖水

---

1 罗伯特·波顿(1577—1640),英国作家、教士。代表作《忧郁的解剖》对英国文学产生了深远的影响。
2 北美五大湖中,除密歇根湖属于美国外,其余四湖(苏必利尔湖、休伦湖、伊利湖和安大略湖)均跨美国和加拿大两国。近年来,美国与加拿大的研究机构相继检验出水中大量的药物残余。大部分污水处理厂不过滤药物残留,此乃导致药物残余流入五大湖的主要原因。据报道,抗抑郁药,镇静药和抗癫痫药等对神经组织有刺激作用的化合物在水中广泛存在,已成为全球性的环境隐忧。

中充满各种各样的人工合成物的残渣,其中许多的污染物,就来自人们使用的抗抑郁药物。而湖里最常见的化学药品,就是卡马西平(carbamazepine)。作为一种情绪镇定剂,卡马西平常常被用于治疗躁郁症、注意力缺失症、创伤后应激障碍、躁狂症及抑郁症,尤其是在更常使用的锂[1]药效不足的情况下。锂及其同等药物的副作用之一,就是令服用者感到极度口干。(想一想这个问题,再想一想那些随处可见的空塑料瓶。)事实上,五大湖的水体已经变成了一杯巨型的药汁鸡尾酒。浮沉其中的残余药物,其原本的使命,是帮助我们去面对生命中许多可怕的现实。现在,湖泊变成了含有抗抑郁药物的内陆海洋,盛满了这个焦虑、

---

[1] 锂,或称碳酸锂,具有稳定情绪的作用。和卡马西平一样,同样是最常用来治疗躁郁症、抑郁症等精神疾病的药物。

恐惧的药物时代所制造的化学垃圾。当然，与此同时，湖底还掩埋着许多坍塌的古老怪兽；在湖边的岸上，同样散落着许多面目神秘的垃圾碎片，等待着被哪位闲逛的现代哲学家拾起，思考，并再次丢弃。我们已经再也无法说出被我们称为"水"的东西到底是什么了。你无法通过分辨什么是水，什么是水中的垃圾来回答这个问题。我实在无法想象，这个世界上还有什么地方，会比这里更符合典型的"现代荒原"（modern wasteland）的景象。

致谢

首先,我迫不及待地想要向我的妻子表达谢意。奥莉薇亚是我所见过的最不可思议的人,能够与她相遇是我最大的幸运。最重要的是,每一次我都能不断地确认她给我带来了多少惊喜。如果没有她的陪伴,包括这本小书在内的许多事情都是不可能实现的。对我来说,要用言语去形容她的好几乎是一件不可能的事。

同时,我也要感谢编辑团队里每一个人。是他们的付出,使得这本微不足道的小书能够以更好的面貌和大家见面。这些有才能,有耐心，乐于助人和孜孜不倦的工作者包括：克里斯·史嘉柏，伊恩·博格斯特，苏珊·克莱门茨，哈里斯·纳克维，玛丽·萨义德，凯亚·诺克斯，艾琳·里特尔和爱丽丝·马维克。

当我第一次向我最喜爱的三位作家——杰夫·范德米尔、莱斯利·贾米森、亚历山大·池，询问他们是否想读读这本书并为它写几句推荐短评，他们都毫不犹豫地应承下来。这令我非常感动。虽然我还不知道他们会如何评价此书（此时我还在录入这份手稿，所以还无法得知他们拿到的时候会怎么想）但我仍然要对他们致以谢意：感谢他们过去的好心，以及未来对此书的关注与善意。

我要特别感谢纽约公共图书馆的工作人员。我在那个没有窗户的小阅览室里完成了书稿中的大部分。由于玫瑰主阅览室华丽的天花板一直在剥落石膏块，他们不得不对读者保持关闭。碎片不断掉落，而截稿日期不离不弃。此外，我也在这座城市其他不同地方完成了书中的重要片段，比如东村的德罗伯蒂斯糕饼店，比如中城的爱迪生咖啡馆。它们现在已经纷纷关闭，并逐渐被人们淡忘。就像这座城市里的许多老地方一样，它们看起来太适合坐下来阅读和写作，以至于好像和更光鲜亮丽的新地方出现的频率合不上拍。它们渐渐都消失了，这一切，令人不得不心怀感念。

我的朋友，同事，熟人以及推特上的网友（这是我目前唯一能够忍受的社交媒体平台）同样为我的写作提供了直接或间接的宝贵帮助。除了形形色色的网页链接、线索、点子和观念，有的时候，当这本书在朝着一些无用的方向推进时，他们甚至会跳出来发出反对的声音。这令我获益匪浅。恕我不能在此一一尽数他们的名字，但他们就在那里。我的工作和生活，因为他们而更加精彩。

一路走来，我有幸在校园内外遇到了诸多良师，其中对这本书产生了最直接的影响的是汉克·韦伯和马克·霍金斯。两位师长向一个懵懂少年敞开了大门，带领他走进一个崭新的世界，那里有他前所未见的文学艺术，文化，社会和友情。有幸结识他们的数十年来，我所写下的任何东西，或多或少都得益于他们深刻而温厚的教诲。写作这本书的初衷之一，是想将其作为一份礼物，献给马克和已经离我们而去的挚爱。这份礼物，同样献给那些回忆中至亲至爱的朋友和家人，惟愿回忆不朽。

起初我并不打算在书中加入致谢的章节，因为我觉得这份致谢将无论如何是不完整的，也是不足够的。我原本打算向每个人私下致以我的谢意。但是后来与艾莉森·金尼，爱丽莎·哈拉德和杰弗里·杰罗姆·科恩的一次讨论改变了我的看法。省略致谢的做法并不是一个好主意，即使听起来我有充分的理由这么做。谢谢他们好心的"干预"，有了现在的致谢。是他们让我意识到，向朋友和团队致以谢意，就和朋友和团队本身一样重要。事实上，对于还有很多东西要学习的我们来说，他们就是最重要，也最不可或缺的存在。

索引

本索引所示页码为原书页码,即本书边码。

A

About a Mountain(D'Agata)《关于一座山》(约翰·达伽塔著) 58

Adelphi(MD)阿德尔菲(马里兰州) *56*

Aerospace Maintenance and Regeneration Center (AMARC)航空维护与重建中心(AMARC) 81

aging 老龄化 103-105

agriculture 农业 88-89

AMARC, *see* Aerospace Maintenance and Regeneration Center AMARC,参见"航空维护与重建中心"

American Beauty(Mendes)电影《美国丽人》(萨姆·门德斯导演) 23

American Pickers《美国破烂王》 100-101,103-109

animals 动物 4,8-12,13-18,*15*,87,105,106,*112*

anthropocene 人类纪 57

antiques 古董 16,25,101,102,104,106

aquifer 地下蓄水层 59

archaeology 考古学 *2*,89-95,105

Assurance Requirements "保证需求" 57-58

Atari 雅达利公司 64-69

E. T.《外星人 E. T.》 64-69

Atlantic《大西洋》 75

Aurora Pulsed Radiation Simulator 极光脉冲辐射模拟器 56

Automated Transfer Vehicle 自动运载飞船 38-39

　　Georges Lemaître 乔治·勒梅特 38-39

Away "别处" 50, 109

Azerbaijan 阿塞拜疆 81

B

Back to the Future (Zemeckis) 电影《回到未来》(罗伯特·泽米吉斯导演) 65, 66

Bahrani, Ramin 拉敏·巴哈尼（美籍伊朗导演）23

　　Plastic Bag《塑料袋》23

Ballard, J. G. J·G·巴拉德（英国作家）61

Bangladesh 孟加拉 82

Bataille, Georges 乔治·巴塔耶 82

Baudrillard, Jean 让·鲍德里亚 101-102

Bauman, Zygmunt 齐格蒙特·鲍曼 4, 32

Black Power Mixtape 1968-1975, The (Olsson) 译者勘误：此应为 *Black Power Mixtape 1967-1975* 电影《黑权运动呐声集：1967-1975》（约兰·奥尔森导演）73

Black Sea 黑海 38

Blickling Homilies of the Tenth Century《十世纪的布利克灵布道书》113

Blomkamp, Neill 尼尔·布洛姆坎普 47

　　District 9 电影《第九区》47

Book of the New Sun (Wolfe)《新日之书》（吉恩·沃尔夫著）46

Bullard, Robert 罗伯特·布拉德（美国社会学家）39

Burton, Robert 罗伯特·伯顿（英国作家）133

Burtynsky, Edward (Ed) 爱德华·伯汀斯基（加拿大摄影家）80-82, 85, 88

    Oil《油》 81

    Water《水》 81

Byblos 比布鲁斯 *2*

C

Calvino, Italo 伊塔洛·卡尔维诺 28-29, 34-35

    "La Poubelle Agréée"《可爱的垃圾桶》

Cambridge (MA) 坎布里奇（马萨诸塞州）*22*

Capuilla 卡普拉 *121*

carbamazepine 卡马西平 114

Carlsbad Caverns 卡尔斯巴德洞穴 57

Challenger "挑战者号" 37

Chief Deep Sky, see also native peoples 深空酋长 54, 另参见"土著居民"

cities 城市 3, 4, 12, 13-18, *15*, 20-23, *22*, 46

citizenship 公民 20-21, 25, 28

Citton, Yves 伊夫·西通 24

C-Lab C-实验室 21

    Trash Mandala《垃圾曼陀罗》 21-22

class 阶级 41, 73

classical ruins 古代遗迹 6-7, 8

cleanliness 洁净 28, 72, *72*

climate 气候 50-51, 60, 61, 80, 87-88

climate catastrophe, see global warming climate 气候灾变，参见"全球气候变暖"

debris 垃圾 87-88

Cline, Ernie 厄尼·克莱因（美国当代小说家）64-65

    Ready Player One《玩家一号》

comics 漫画 47
constellations 星座 55, 59
Constitutional Convention 制宪会议 22
consumption 消费 3, 6, 7, 8, 16-17, 21-22, 28, 29, 30, 32, 65, 69-70, 71, 72, 73, 78-79, 82, 99, *107*, 110
containment 遏制 *22*, 53-70, *64*, 71, 73-4
contamination 污染 38, 59, 62-63
Crowley-Milner 克罗利-米尔纳百货公司 *10*
Cuarón, Alfonso 阿方索·卡隆
   Gravity 电影《地心引力》47

D

D'Agata, John 约翰·达伽塔 57, 58
   About a Mountain《关于一座山》58
Daily Beast《野兽日报》75

Dead Horse Bay 死马湾 13-18, 19, 95
debitage "废片" 89-90
debris fields, *see* trashscapes 垃圾场, 参见"垃圾景观"
decay（核）衰变 7, 8-12, 76, 82, 105
Delany, Samuel R. 萨缪尔·R·德雷尼 45, 47
DeLorean 德罗宁跑车 *64*, 65
desertification 沙漠化 60
deserts 沙漠 53-70, 81
   Mojave Desert 莫哈维沙漠 53
desire 欲望 7, 8, 16-17, 18, 20, 22, 24, 27, 29, 33, 62, 68, 76, 86, 87, 97-111
Detroitism *see also* ruin porn 底特律主义 74, 另参见"废墟色情"
Dick, Philip K. 菲利普·K·迪克 46, 48
   Do Androids Dream of Electric Sheep?《机器人会梦见电子羊吗?》

46

Diderot, Denis 德尼·狄德罗 6-7, 76

digital technology 数字技术 24-27, 30-31, *31*, 95

 environment 环境 30-32

 hoarding 囤积 30-32, *31*, 32-35

 memory 记忆 33-35

 tabflab 过剩标签页 19-35, *31*

digital waste 数字垃圾 24-27

disasters 灾害 62-63, *86*

disaster tourism "灾害观光" 73-75

Discard Studies 废弃物研究 77-78

District 9（Blomkamp）电影《第九区》（尼尔·布洛姆坎普导演）47

Do Androids Dream of Electric Sheep?（Dick）《机器人会梦见电子羊吗?》（菲利普·K·迪克著）46

Donner, Richard 理查德·唐纳

 Goonies 电影《七宝奇谋》66

Douglas, Mary 玛丽·道格拉斯 99

dumps 垃圾填埋场 3, 18, 23, 27, 38, 53, 65-66, 74, 110

 Freshkills 福莱士吉尔斯（垃圾填埋场）3, 18, 23

 Puente Hills 朋地山（垃圾填埋场）3, 18

durability 耐久性 10-11

dustsceawung "观尘" 113

ecology of attention "注意力生态" 24-25

Engendering Archaeology: Women and Prehistory（Gero）《生成考古学：女性与史前时代》（琼·杰罗编）93

environment 环境 77, 79

E. T.（Atari）《外星人E. T.》（雅达利公司游戏）64-69

eternal return "永恒轮回" 49–51

Eupalinos; or the Architect (Valéry)《欧帕里诺斯，或建筑师》（保尔·瓦雷里著） 1–2

European Space Agency 欧洲航天局 39

'Ewa (HI) 伊娃海滩（夏威夷） 64

excavation 挖掘 64–69

"Expert Judgment on Markers to Deter Inadvertent Human Intrusion into the Waste Isolation Pilot Plant"《对于防止误闯WIPP的警告标志的专家意见书》 58–59

F

familiars 友人 19–35

F. E. Weymouth Filtration Plant F. E. 韦茅斯过滤厂 *31*

Fear of Missing Out (FOMO), *see* FOMO 社交控（害怕错过身边的事），参见 FOMO（"社交控"）

Fear of Throwing Out (FOTO), *see* FOTO 囤积狂（丢弃旧物恐惧症），参见 FOTO（"囤积狂"）

Fiennes, Sophie 索菲亚·菲尼斯 53

The Pervert's Guide to Ideology 电影《变态者意识形态指南》 53

film 电影 23, 37, 39, 40, 47, 66, 73, 79, 87, 111

FOMO 社交控 32–35

FOP, *see* Friends of the Pleistocene (FOP) FOP, 参见"更新世之友" 62–63

FOTO 囤积狂 32–35

Freshkills 福莱士吉尔斯（垃圾填埋场） 3, 18, 23

Friends of the Pleistocene (FOP) 更新世之友 62–63

"Hedging on Stability" "牢固的篱笆"丛书 62–63

Fukushima 福岛 62–63, 87

Futurama《飞出个未来》 47

futurity 未来性 6, 18, 46, 47–48, 58–60, 61, 63, 64–65, 76, 89, 94, 99–100

Game of Thrones (Martin)《权力的游戏》(乔治·R·R·马丁著) 65

gender 社会性别 41, 93

genderlithics 性别石器 93

Gen X "X 世代" 65

geology 地质学 3–4

Georges Lemaître 乔治·勒梅特 38–39

Gero, Joan 琼·杰罗 93
   Engendering Archaeology: Women and Prehistory《生成考古学：女性与史前时代》93

ghetto tourism "贫民窟观光" 73–75

globalization 全球化 4, 75, 82–83

global warming 全球变暖 50–51, 61, 80

Goonies (Donner) 电影《七宝奇谋》(理查德·唐纳导演) 66

Gowanus: Off the Water's Surface (Hirsch)《格瓦纳斯：水面之下》(史蒂文·赫希摄影作品) 81

Graduate, The (Nichols) 电影《毕业生》(迈克·尼科尔斯导演) 39

Gravity (Cuarón) 电影《地心引力》(阿方索·卡隆导演) 47

Great Lakes 五大湖 38, 113–114

Great Lakes Engineering Works 五大湖工程 102

Great Shoe Spill 鞋子大倾覆事件 3
   Nikes of Queets 奎茨的耐克鞋 3

Great Pacific garbage vortex 太平洋垃圾带 9

Grey Gardens (Maysles, Maysles) 电影《灰色花园》(阿尔伯特·梅索

斯,大卫·梅索斯导演) 111

Griffith, Andy 安迪·格里菲斯 39

Guernica 电影《格尔尼卡》75

H

Hampton (VA) 汉普顿(弗吉尼亚州) 49

Hampton Institute 汉普顿学院 49

Harbor Hills Housing Project 岗山住宅工程 72

"Hedging on Stability" "牢固的篱笆"丛书 62-63

Henry, Buck 巴可·亨利 39

Herzog, Werner 沃纳·赫尔佐格 23

Hildebrandt, William 威廉·希尔德布兰特 90

Hirsch, Stephen 史蒂文·赫希 81

Gowanus: Off the Water's Surface《格瓦纳斯: 水面之下》81

history 历史 2, 16, 17, 62, 95, 102, 103, 106

History Channel 历史频道 100

Hoarders 储物狂 105-111

hoarding 囤积 97-111

Hoarding: Buried Alive《囤积:活埋》(美国 TLC 电视台真人秀节目) 105

households 住户 6, 19, 20, 28-29, *67*, 93-94, 95, 99-100, 101, 106-108, 110

Hubble, Edwin 埃德温·哈勃 38

human condition 人类境况 4, 60, 63

Humes, Edward 爱德华·休姆斯 109

Huxley, Aldous 奥尔德斯·赫胥黎 46

hydration compulsion "水合冲动" 21-22

hygiene, *see* cleanliness hyperobjects 卫生, 参见"清洁超客体" 50

I

Idiocracy（Judge）电影《蠢蛋进化论》（迈克·乔吉导演） 47

Inaba, Jeffrey 杰弗里·稻叶 21

Trash Mandala《垃圾曼陀罗》 21-22

Inbox Zero "清空收件箱" 25, 27

incomprehension 不理解 88

indifference 漠然 2, 7, 20, 50, 97

industrial waste 工业废物 77-83, 88, 104, 109

Infinite Jest（Wallace）《无尽的玩笑》（戴维·福斯特·华莱士著） 46

International Space Station 国际空间站 39

Islands in the Net（Sterling）《网中之岛》（布鲁斯·斯特林著） 46

J

Jackson, Thomas 托马斯·杰克逊 92

Jones, Terry 特瑞·琼斯 92

Jordan Chris 克里斯·约旦 8-12, 87

Judge, Mike 迈克·乔吉 47

 Idiocracy 电影《蠢蛋进化论》

K

Kaufman, Philip 菲利普·考夫曼

 The Right Stuff 电影《太空英雄》 37

Kennedy Space Center 肯尼迪航天中心 41

Kern County (CA) 科恩县（加利福尼亚州） 81, 88-89

Knob Noster (MO) 诺布诺斯特市（密苏里州） 61

Korean War 朝鲜战争 104

Kubrick, Stanley 斯坦利·库布里克

 2001: A Space Odyssey 电影《2001太空漫

游》 40

L

labor 劳动 28, 37, 92, 93, 95, 105

Lake Carbamazepine 卡马西平湖 113-114

Lake Michigan, see also Great Lakes 密歇根湖 38, 另参见"五大湖"

Lake Orion 湖口镇 5

La Verne (CA) 拉孚恩（加利福尼亚州） 31

Lemaître, Georges 乔治·勒梅特 38

Liboiron, Max 马克斯·莱伯隆 77-78, 79

literature 文学 6, 28-29, 38, 39-43, 44-47, 53, 57, 61, 64-65, 85, 93, 113

litter 垃圾 19-23, 32

Lockheed Martin 洛克希德·马丁公司 38

Lomita (CA) 洛米塔（加利福尼亚州） 72

M

Macaulay, Rose 罗斯·麦考雷 6, 86

Pleasure of Ruins《废墟的欢愉》 6

McGuire, Kelly 凯莉·麦奎尔 90

MacLean, Alex 亚历·麦克莱恩 81

McNeill, J. R. 约翰·R·麦克尼尔 38

"Space Pollution"《太空污染》 38

Martin, George R. R. 乔治·R·R·马丁 65

Game of Crones《权力的游戏》 65

"Marx's Coat" (Stallybrass)《马克思的外衣》（彼得·斯塔利布拉斯） 97-98

Mattel Hoverboard 美泰悬浮滑板 65

Maysles, Albert 阿尔伯特·梅索斯

Grey Gardens《灰色花园》 111

Maysles, David 大卫·梅

索斯

Grey Gardens《灰色花园》 111

media 媒体 75, 77

Medium《灵媒缉凶》 75

melancholy 忧郁 6-7

Mendes, Sam 萨姆·门德斯

　American Beauty《美国丽人》 23

microplastics, *see* plastics middens 微塑料, 参见"塑料堆" 91-95

Middle Archaic 中古时期 90

military waste 军事废料 64

Millennials 千禧一代 32

mobility 移动性 23-24

modernity 现代性 27, 31, 32, 33, 53, 72, 110, 113-114

Mojave Desert 莫哈维沙漠 53

Monache, *see also* native peoples 莫纳奇人 90, 另参见"土著居民"

monuments 遗迹 58, 60

Morton, Timothy 蒂姆·莫顿 27, 50, 88

Mt. Everest 珠穆朗玛峰 3

N

National Aeronautics and Space Administration (NASA) 美国国家航空航天局 37

National Association for the Advancement of Colored People (NAACP) 美国全国有色人种协进会 *78*

National Security Agency (NSA) 美国国家安全局 53

native peoples 土著居民 54, 57, 90-95, 91

Nautilus 鹦鹉螺号 75

Navajo, *see also* native peoples 纳瓦霍人 90, 另参见"土著居民"

New Left 新左派 104

New Mexico 新墨西哥州 57, 64-69

New York City 纽约市 13-

18, *15*, 67, 78, 81
New Yorker《纽约客》杂志 26
Nichols, Mike 迈克·尼科尔斯
  The Graduate《毕业生》 39
Nikes of Queets 奎茨的耐克鞋 3
Nixon, Rob 罗布·尼克松 39
Northampton (MA) 北安普顿市（马萨诸塞州）*86*
nostalgia 怀旧 65 - 69, *67*, 71, 103
nuclear waste 核废料 53 - 70, *56*
  Assurance Requirements 保证需求 57 - 58
  Fukushima 福岛 62 - 63
  Waste Isolation Plant (WIPP) 废物隔离中间厂（WIPP） 57, 58 - 59, 61, 62, 63

O

objects 物品 2, 67

animals 牲畜 8 - 12
archaeology 考古学 2, 89 - 95, 105
attachment 依附 30, 48, 65, 90, 94 - 95, 97 - 111
attention 注意力 24 - 27, 30
authenticity 可靠性 101 - 102
climate debris "气象残骸" 87 - 88
culture 文化 31, 32
death 死亡 98 - 100
desire 欲望 31, 32 98 - 100, 8, 15, 16 - 17, 18, 20, 22, 24, 27, 29, 33, 68, 94 - 95, 97 - 111
enjoyment 乐趣 110
hoarding 囤积 32, 33, 97 - 111
hyperobjects "超客体" 50
indifference 漠然 20
marketing 市场营销 71, *107*
memory 记忆 33 - 35

mythological 神话的 101-102

nostalgia 怀旧；乡愁 65-69, *67*, 71, 103

obsolescence 退化；荒废；报废 99

overabundance 过剩 26

plastics 塑料 8-12, *10*, 87

premature ruins "早产的废墟" 86

provenance 出处 19

relationships 关系 8, 29, 87

rubble 碎石 85-95

time 时间 8, 11, 12, 25-27

trashability "可废弃性" 109

wealth 财富 98

Oil (Burtynsky)《油》（爱德华·伯汀斯基摄影）81

Olsson, Göran 约兰·奥尔森 73

On the Natural History of Destruction (Sebald)《自然毁灭史》（W·G·泽巴尔德著）85

Orbiter *Discovery* "发现号"人造卫星 *41*

order 秩序 48, 80-82, 85

Orwell, George 乔治·奥威尔 46

Oscar O-1 Minuteman Missile Alert Facility "奥斯卡"O-1型民兵导弹警报设施 *61*

Pachanga, *see also* native peoples 帕羌格人 *121*,

Paiute, *see also* native peoples 派尤特人 90, 91 另参见 "土著居民"

Pecos River 佩科斯河 59-60

Pervert's Guide to Ideology, The (Fiennes) 电影《变态者意识形态指南》（索菲亚·菲尼斯导演）53

Pezzullo, Phaedra 菲德拉·佩佐罗（传播学者）73

Phaedrus 裴德罗 1

pharmaceuticals 药物 113-114

photography 摄影 8-12, 77, 79-82, 85, *86*, 87, 88

place 地点 71, 73-77

Planetes (Yukimura)《星空清理者》(幸村诚绘) 47

Plastic Bag (Bahrani) 电影《塑料袋》(拉敏·巴哈尼导演) 23

plastics 塑料 4, 6, 8-12, 14, 17, 22-24, 32, 87, 94

plastiglomerate 胶砾岩 4, 17

Pleasure of Ruins (Macaulay)《废墟的欢愉》(罗斯·麦考雷著) 6

plutonium, *see also* nuclear waste 钚 6, 56, 另参见"核废料"

pollution 污染 38, 72, 76

PopMatters《流行议题网》75

popular culture 流行文化 64-69

posthumanity 新人类 63

postmodernity 后现代性 60-61

"Poubelle Agréée, La" (Calvino)《可爱的垃圾桶》(伊塔洛·卡尔维诺著) 28-29

premature ruins "早产的废墟" 86

profit 利益 100-101, 108

Proust, Marcel 马塞尔·普鲁斯特 34

public garbage cans 公共垃圾桶 20-22, *22*

public transportation 公共交通 12-13

Puente Hills 朋地山(垃圾填埋场) 3, 18

Q

Quark《夸克》 39-42

R

radioactivity 放射性 56, 56, 62-63

Raiders of the Lost Ark

(Spielberg) 电影《夺宝奇兵》(史蒂芬·斯皮尔伯格导演) 66

Rauschenberg, Robert 罗伯特·劳申伯格 8

Ready Player One (Cline)《玩家一号》(厄尼·克莱因著) 64-65

Reagan, Ronald 罗纳德·里根 37

recycling 资源回收 21, 82

relationships 关系 8, 20, 27, 29, 55-56, 62, 72, 73-77, 87, 100-101, 103-111

R. H. Macy & Company R·H·梅西百货公司 67

Right Stuff, The (Kaufman) 电影《太空英雄》(菲利普·考夫曼导演) 37

rituals 仪式 28-29

River Rouge (MI) 胭脂河(密歇根州) 102

romance 传奇 6-7, 29-30, 76-77, 86

Romanticism 浪漫主义 6-7, 29-30, 76-77, 86

rubble 碎石 85-95

ruinism 毁灭论 71-83

ruin porn "废墟色情" 74-77, 82

Rustler Aquifer 罗斯特勒蓄水层 59-60

S

Sagan, Carl 卡尔·萨根 59

sanitation 公共卫生 7, 13, 18, 21, 28, 33, 44

San Joaquin basin 圣华金河盆地 92

science fiction 科幻小说 39-43, 44-46, 47, 64-65

seashore 海滨 1-2, 3-4, 5, 13-18, 19, 71

Sebald, W. G. W·G·泽巴尔德 85, 87

On the Natural History of Destruction《自然毁灭史》 85

selective futurity "择优未来性" 61

Shakespeare, William 威廉·莎士比亚 113

Sierra Nevada 内华达山脉 81, 88-89, 90, 92-93

Smithson, Robert 罗伯特·史密森 89

SOCAR, see State Oil Company of Azerbaijan Republic (SOCAR) SOCAR, 参见"阿塞拜疆国家石油公司"

social disorder 社会失序 106-108, 109-110, 113-114

social media 社交媒体 24-25, 27, 31, 32-35

    Inbox Zero "清空收件箱" 25, 27

    Tumblr 汤博乐 25

Socrates 苏格拉底 1-3, 8, 9

soils 土壤 3-4

space 太空 6, 38-51, *41*, 57

space debris 太空垃圾 38-51, *41*, 57

Space Fence 太空护栏 38

"Space Pollution" (McNeill)《太空污染》(约翰·R·麦克尼尔著) 38

Spielberg, Steven 史蒂芬·斯皮尔伯格 66-67

Raiders of the Lost Ark《夺宝奇兵》 66

Stallybrass, Peter 彼得·斯塔利布拉斯 97-98

"Marx's Coat"《马克思的外衣》 97-98

Stanton, Andrew 安德鲁·斯坦顿

Wall-E 电影《机器人瓦力》 47

Star Trek《星际迷航》 41, 42-43, 44

"The Trouble with Tribbles"《毛球的麻烦》(第二季第15集) 42-43

State Oil Company of Azerbaijan Republic (SOCAR) 阿塞拜疆国家石油公司 (SOCAR) 81

Sterling, Bruce 布鲁斯·斯特林 46

Islands in the Net《网中之岛》 46

suburbs 郊区 45-46, 53

Superfund sites 超级基金污染区 73

T

tabflab 过剩标签页 19-35, *31*

Tantalos 坦塔罗斯 22

technofossils 人工化石 4

technology, *see also* digital technology 技术 6, 17, *31*, 46, 60, 88, 另参见"数字技术"

time 时间 8, 11, 12, 25-27, 62, 88

tourism 旅游业 73-75

toxics 有毒物质 3, 5, 6, 8, 28, *31*, 39, 53-70, *56*, 73-74, 79, 113-114

toxic tourism "有毒旅行" 73-75

TRANSCOM satellites 运输司令部卫星 57

trashability "可废弃性" 109

trash cans 垃圾桶 *22*

Trash Mandala (Inaba, C-Lab)《垃圾曼陀罗》(杰弗里·稻叶, C实验室) 21-22

trashscapes 垃圾景观 4, 71-83, 85, *86*

"Trouble with Tribbles, The"《毛球的麻烦》42-43

Tubatulabal, *see also* native peoples 图巴图拉贝尔 90, 另参见"土著居民"

Tumblr 汤博乐 25

TV 电视 39-43, 44, 47, 100-101, 103-111

2001: A Space Odyssey (Kubrick)《2001太空漫游》(斯坦利·库布里克导演) 40

Type 1 pillbox 第一型防空碉堡 *64*

U

U. S. Air Force 美国空军

38, 81

U. S. Army 美国陆军 89

U. S Army Research Laboratory 美国陆军研究室 56

Utne Reader《优涅读者》杂志 75

V

Valéry, Paul 保尔·瓦雷里 1, 9

Eupalinos; or The Architect《欧帕里诺斯,或建筑师》 1–2

value 价值 106–109

Vietnam War 越南战争 104

voyeurism 偷窥癖 73–76, 73–77, 74, 111

Wallace, David Foster 戴维·福斯特·华莱士 46

Infinite Jest《无尽的玩笑》 46

war 战争 85, 103, 104

Washington, D. C. 华盛顿特区 91

Waste Isolation Plant (WIPP) 废物隔离中间厂 57, 58–59, 62, 63, 90

"Expert Judgment on Markers to Deter Inadvertent Human Intrusion into the Waste Isolation Pilot Plant"《对于防止误闯 WIPP 的警告标志的专家意见书》 58–59

Water (Burtynsky)《水》(爱德华·伯汀斯基摄影) 81

weather 天气 86, 87–88

Wells, H. G. 赫伯特·乔治·威尔斯 45

Whistle Bottling Works 维索装瓶公司作品 107

Williams, Gilda 吉尔达·威廉姆斯 6–7

Wilson Quarterly《威尔逊季刊》 75

WIPP, see Waste Isolation Plant (WIPP) WIPP, 参见 "垃圾隔离中间厂"

WIRED《连线》杂志 75

Wolfe, Gene 吉恩·沃尔夫 46

Book of the New Sun《新日之书》 46
Woolworth 伍尔沃斯 *107*
World War II 第二次世界大战 85, 103, 104

Y

Yellow Sea 黄海 38
Yokuts, *see also* native peoples 约库特人 90,另参见"土著居民"
Yukimura, Makoto 幸村诚 47, 48

Planetes《星空清理者》47

Z

Zemeckis, Robert 罗伯特·泽米吉斯
 Back to the Future 电影《回到未来》 65
Zhang, Sarah 萨拉·张 57
Žižek, Slavoj 斯拉沃热·齐泽克 53

图书在版编目（CIP）数据

弃物：游走在时间的边缘/(美)布莱恩·蒂尔著；刘欣玥译.
-- 上海：上海文艺出版社，2017
（知物系列）
ISBN 978-7-5321-6535-3

Ⅰ.①弃… Ⅱ.①布…②刘… Ⅲ.①世界史－文化史 Ⅳ.①K103

中国版本图书馆CIP数据核字（2017）第326465号

This translation is published by arrangement with Bloomsbury Publishing Inc.
著作权合同登记图字：09-2016-822号

发 行 人：	陈　征
策 划 人：	林雅琳
责任编辑：	胡远行
装帧设计：	胡　斌

书　　名：	弃物：游走在时间的边缘
作　　者：	(美)布莱恩·蒂尔
译　　者：	刘欣玥
出　　版：	上海世纪出版集团　上海文艺出版社
地　　址：	上海绍兴路7号　200020
发　　行：	上海文艺出版社发行中心发行 上海市绍兴路50号　200020　www.ewen.co
印　　刷：	山东临沂新华印刷物流集团
开　　本：	760×1000　1/32
印　　张：	7.125
插　　页：	3
字　　数：	79,000
印　　次：	2018年1月第1版　2018年1月第1次印刷
I S B N：	978-7-5321-6535-3/G.0201
定　　价：	27.00元
告 读 者：	如发现本书有质量问题请与印刷厂质量科联系　T:0539-2925888

OBJECT
LESSONS
知物

小文艺口袋文库・知物系列

问卷 _ 潘多拉的清单

静默 _ 是奢华，还是恐惧？

衣物 _ 没老去时疯的边缘

面包 _ 胸膛的激情与冲突

即将推出（书名暂定）

玻璃

密码

时差

发

兜帽

袜子

树

地球

小文艺口袋文库·小说系列

报告政府　著——韩少功
我胆小如鼠　著——余华
无性伴侣　著——唐颖
特蕾莎的流氓犯　著——陈谦
荔荔　著——纳兰妙殊

二马路上的天使　著——李洱
不过是垃圾　著——格非
正当防卫　著——裘山山
夏朗的望远镜　著——张楚
北地爱情　著——邵丽

群众来信　著——苏童
目光愈拉愈长　著——东西
致无尽关系　著——孙惠芬
不准眨眼　著——石一枫
单身汉董进步　著——袁远

请女人猜谜　著——孙甘露
伪证制造者　著——徐则臣
金链汉子之歌　著——曹寇
腐败分子潘长水　著——李唯
城市八卦　著——奚榜